何が投票率を高めるのか

松林哲也

What, If Anything, Can Be Done to Increase Voter Turnout?

Matsubayashi Tetsuya

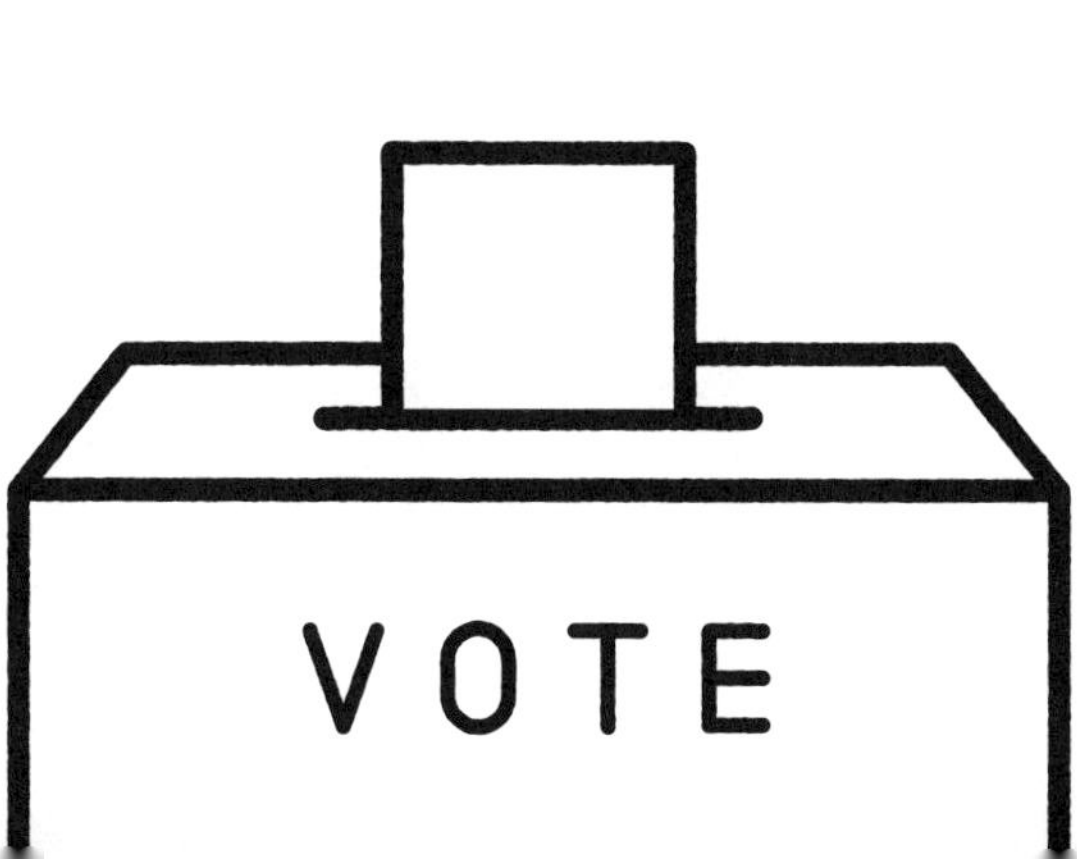

有斐閣

目次

第1章　何が投票率を高めるのか？──────1

1　身近な選挙　1
2　投票率は低調　3
3　投票環境要因　5
4　投票のベネフィットとコスト　10
5　本書の構成　15

第2章　投票所が近いと投票に行く？──────23
──投票所と投票参加

1　変化する投票環境　23
2　選挙当日投票所数の減少と期日前投票所数の増加は関連している　26
3　投票所と投票コスト　29
4　3回の衆院選のデータを使った分析　33
5　なぜ選挙当日投票所数は減少しているのか　39

6　まとめ　44

第3章　「投票日、雨の予報」は投票率に影響する？　49
――投票期間と投票参加

1　天気も大切　49
2　前もって投票する？　52
3　2017年衆院選と台風21号　56
4　2つの仮説の検証　59
5　台風でも投票率が下がらなかった理由　65
6　まとめ　68

第4章　投票啓発活動は投票率向上に効果的？　73
――社会規範と投票参加

1　だから、私は投票する。　73
2　選挙と投票啓発活動　75
3　フィールド実験とはなにか　77
4　2021年衆院選におけるフィールド実験　81

5 どのような啓発活動が効果的なのか 84
6 まとめ 91

第5章 なぜ地方で投票率が高いのか?——議員定数不均衡と投票参加 95
1 議員定数の配分と地方と都市の投票格差 95
2 中選挙区制下での議員定数不均衡の推移 99
3 小選挙区制の導入と議員定数不均衡の是正 104
4 議員定数の配分が投票率に影響を及ぼすメカニズム 107
5 投票率への影響 109
6 まとめ 113

第6章 新しい政党の参入は投票率を高める?——政党と投票参加 115
1 違いを見出せない有権者 115
2 選択肢としての政党 117
3 新党の参入 120

4　投票率への影響　122
5　まとめ　134

第7章　女性議員が増えると投票率は上がる？――議員属性と投票参加　137
1　女性議員は少ない　137
2　議員属性と投票参加　140
3　東京都23区の区議会における女性議員　143
4　投票率への影響　146
5　まとめ　150

第8章　投票率をどうやって測る？――データとしての投票参加　155
1　投票率の測りかた　155
2　2つの測定方法のメリット・デメリット　158
3　世論調査の難しさ①――調査への不参加　161
4　世論調査の難しさ②――社会的望ましさバイアス　166

5　投票データの整備とエビデンスにもとづく政策設計　170

第9章　投票率が向上すると政治は変わる？　177
——投票参加の政策的帰結
1　ここまでのまとめ　177
2　投票率が低いことは問題？　183
3　義務投票制とその政策的帰結　188
4　投票参加と日本の民主政治　191

あとがき　195
索　引　200

コラム一覧

①-1　投票しないパラドックス　11
①-2　因果推論とはなにか　20
②-1　投票率データはどこで入手できるか　34

②－2　分析方法の詳細と図の読み方　38
③－1　インターネット投票の可能性　69
④－1　なぜ無作為割り当てを使うのか　79
④－2　社会的圧力と投票参加　88
⑤－1　都市と地方の投票格差に関するこれまでの説明　97
⑥－1　イベントスタディを用いた新党効果の分析　128
⑦－1　操作変数法を使った分析の詳細　152
⑧－1　秘密投票の大切さ　174
⑨－1　政治家による投票制度の改悪　181

第1章 何が投票率を高めるのか?

1 身近な選挙

最近実施された選挙のことを思い出してください。それは国会議員を選出するための衆議院議員総選挙や参議院議員通常選挙かもしれませんし、現在居住している自治体の市長選挙や議会議員選挙かもしれません。その選挙であなたは投票に行きましたか? 投票に行ったのはなぜですか? 行かなかったのであればその理由を覚えていますか?

議員や首長を選ぶ選挙は忘れたころにやってくるのではなく、かなり頻繁に実施されます。衆議

表 1－1　大阪府豊中市の選挙日程は過密

年月日	選挙の種類
2010 年 4 月 25 日	市長
2010 年 7 月 11 日	参議院
2011 年 4 月 10 日	府議会
2011 年 4 月 24 日	市議会
2011 年 11 月 27 日	知事
2012 年 12 月 16 日	衆議院
2013 年 7 月 21 日	参議院
2014 年 4 月 20 日	市長，市議会補欠
2014 年 12 月 14 日	衆議院
2015 年 4 月 12 日	府議会
2015 年 4 月 26 日	市議会
2015 年 11 月 22 日	知事
2016 年 7 月 10 日	参議院
2017 年 10 月 22 日	衆議院
2018 年 4 月 22 日	府議会補欠，市長，市議会補欠
2019 年 4 月 7 日	知事，府議会
2019 年 4 月 21 日	市議会
2019 年 7 月 21 日	参議院
2021 年 10 月 31 日	衆議院
2022 年 4 月 17 日	市長
2022 年 4 月 17 日	市議会補欠
2022 年 7 月 10 日	参議院

（注） 豊中市の選挙管理委員会ウェブサイトの情報にもとづく。

院議員総選挙であれば少なくとも4年に1回、参議院議員通常選挙であれば3年に1回、自治体の首長や議員は4年に1回、議員や首長が任期途中で辞職したりすればそのたびに選挙が行われます。例えば筆者が属する大阪大学が位置する大阪府豊中市の場合、２０１０年から２０２２年にかけて表１－１のようなスケジュールで各種選挙が実施されてきました。筆者自身も驚いたのですが、豊中市では12年間でなんと22回も投票に行く機会があったのです。平均すると1年に２回弱ほど選挙があったことになります。

2　投票率は低調

選挙は日本の各地でかなり頻繁に実施されていますが、それらの選挙で投票する人々の割合を意味する投票率は低調です。図１－１は過去約70年間に実施された衆院選と参院選の投票率の推移を示しています。１９５０年代や１９６０年代にはほぼ70％を超えていた衆院選投票率は低下傾向にあり、２０１０年以降になると投票率は50％近くになっています。同様に、１９９０年代以降の参院選投票率も低下していて、２０２２年参院選の場合は52％でした。

投票率が50％とはどういう意味でしょうか。近年の日本の有権者数は約1億人なので、５０００万人が投票に行き、残りの５０００万人は棄権しているという状況なのです。人数が大きすぎるとわかりにくいので、身近な例で考えてみましょう。みなさんが通っていた小学校や中学校のクラス

図1－1　衆院選と参院選の投票率は低下している

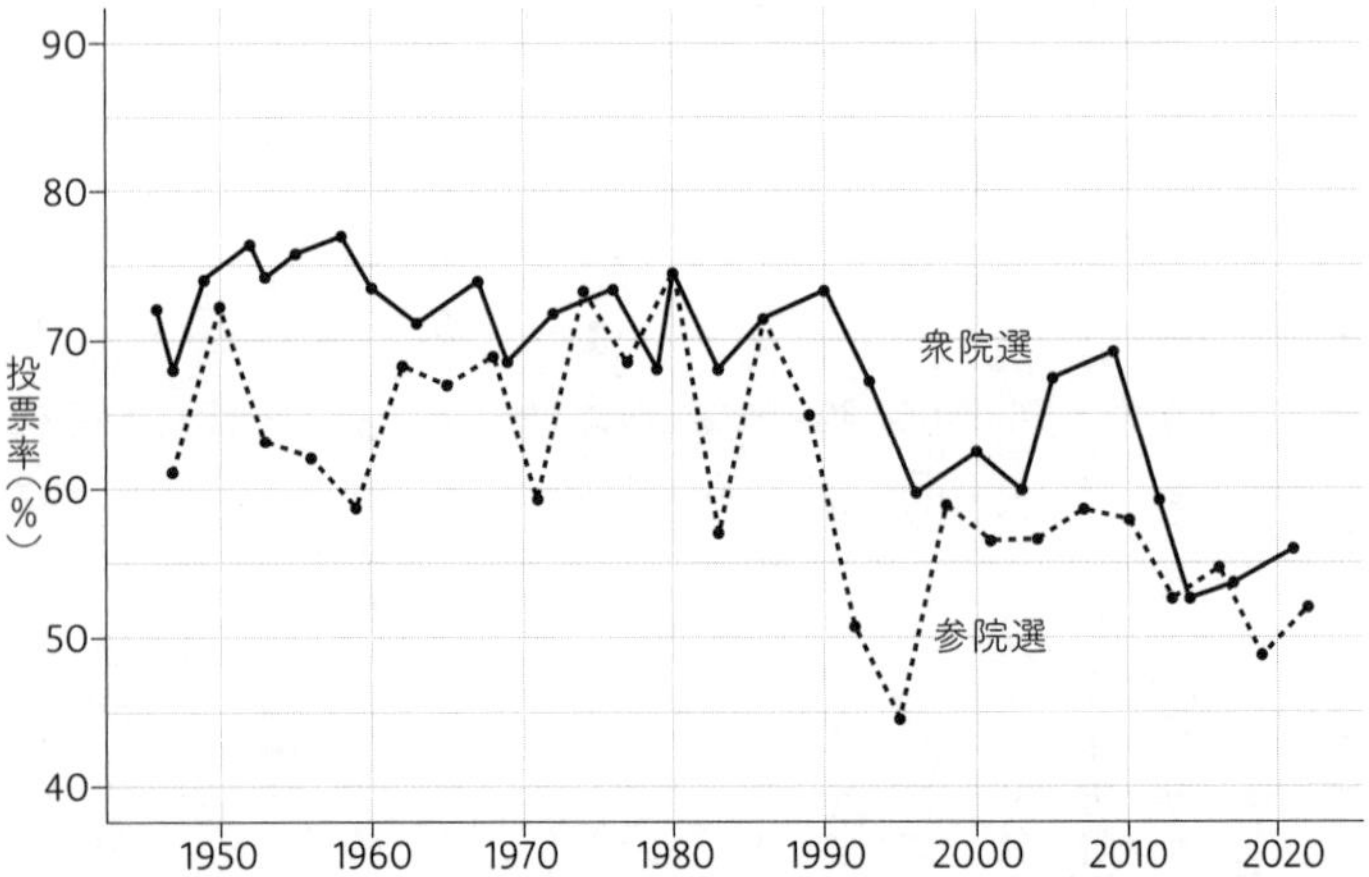

（注）　総務省「国政選挙における投票率の推移」にもとづく。https://www.soumu.go.jp/senkyo/senkyo_s/news/sonota/ritu/

の人数は30人から40人ほどだったのではないでしょうか。クラスの人数が40人とすると、そのうち20人のみが投票に行って自分たちの代表となる議員や首長を選んでいるという感じです。投票しなかった残り20人は、誰が自分たちのリーダーになるかの決定を投票する20人に委ねてしまっています。

都道府県レベルや市区町村レベルの選挙となると、投票率はさらに低調です。図1－2に示すように、どの選挙をみても1950年代には投票率は70%を超えており、なかには90%を超えることもありました。ところが現在では40%から50%ほどです。先ほどの40人のクラスの例を使うと、40%の投票率であればクラス全員のうち16人のみが投票に行っているという状況です。

国際的にみても、日本の投票率は低いほ

図1－2　地方選挙の投票率も低下している

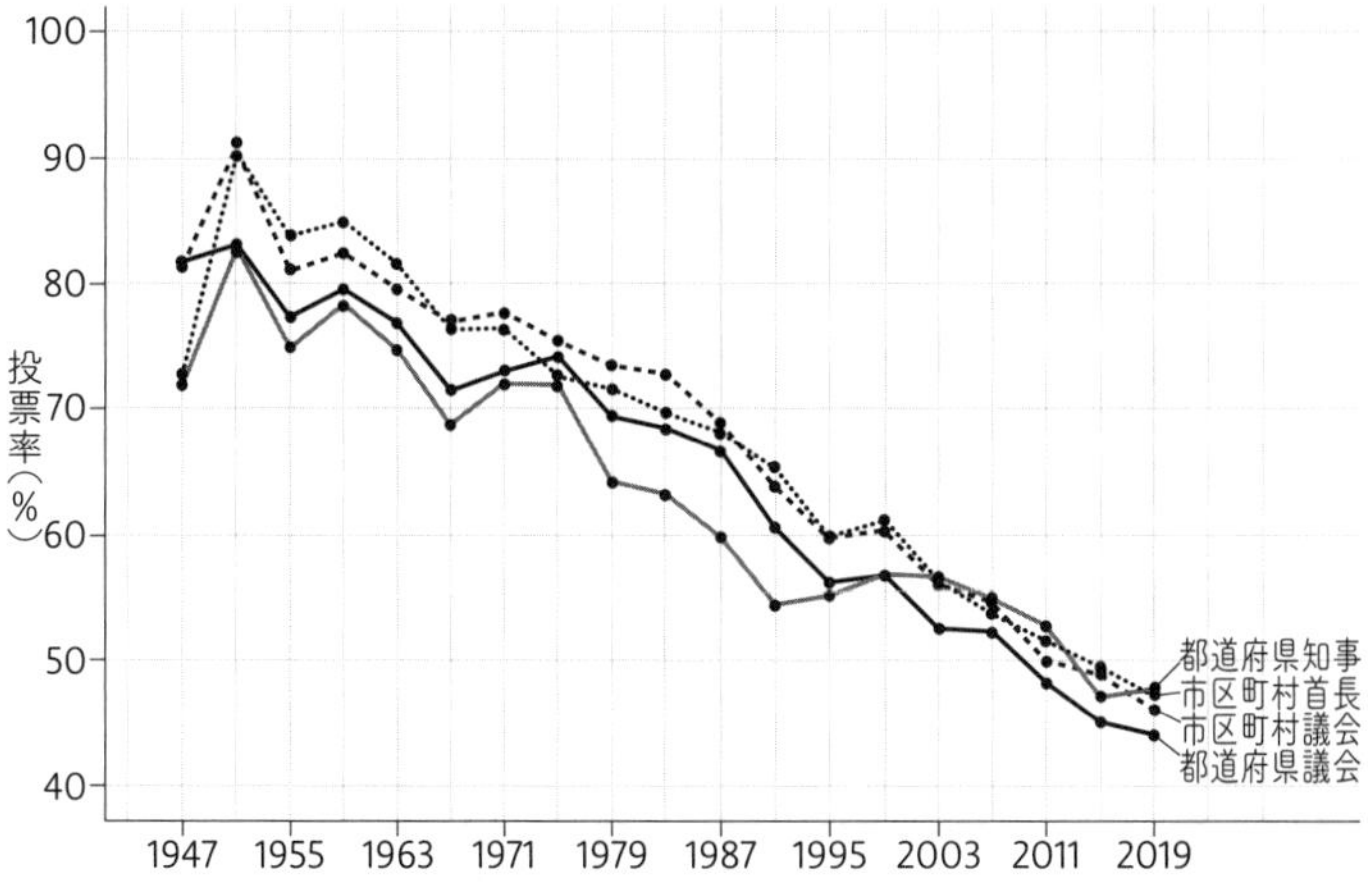

（注）　総務省「目で見る投票率」からのデータにもとづく。https://www.soumu.go.jp/main_content/000696014.pdf

うです。図1－3は人口100万人以上の国で2020年以降に実施された国政選挙（主に政権を選択する選挙）での投票率を国際比較しています。日本の投票率は2021年の衆院選のものです。投票率が最も高いオーストラリアは義務投票制を採用していて、投票率が90％近くあります。2021年のドイツ連邦議会選挙での投票率、そして隣国である韓国の2022年大統領選の投票率はどちらも約77％でした。これらの国々や他国と比較すると、日本の投票率は低いということがわかります。

3　投票環境要因

前節でみたように、最近の日本で国政選挙と地方選挙の際に投票に行くのは有権者

図1－3　国際的にみて日本の投票率は低め

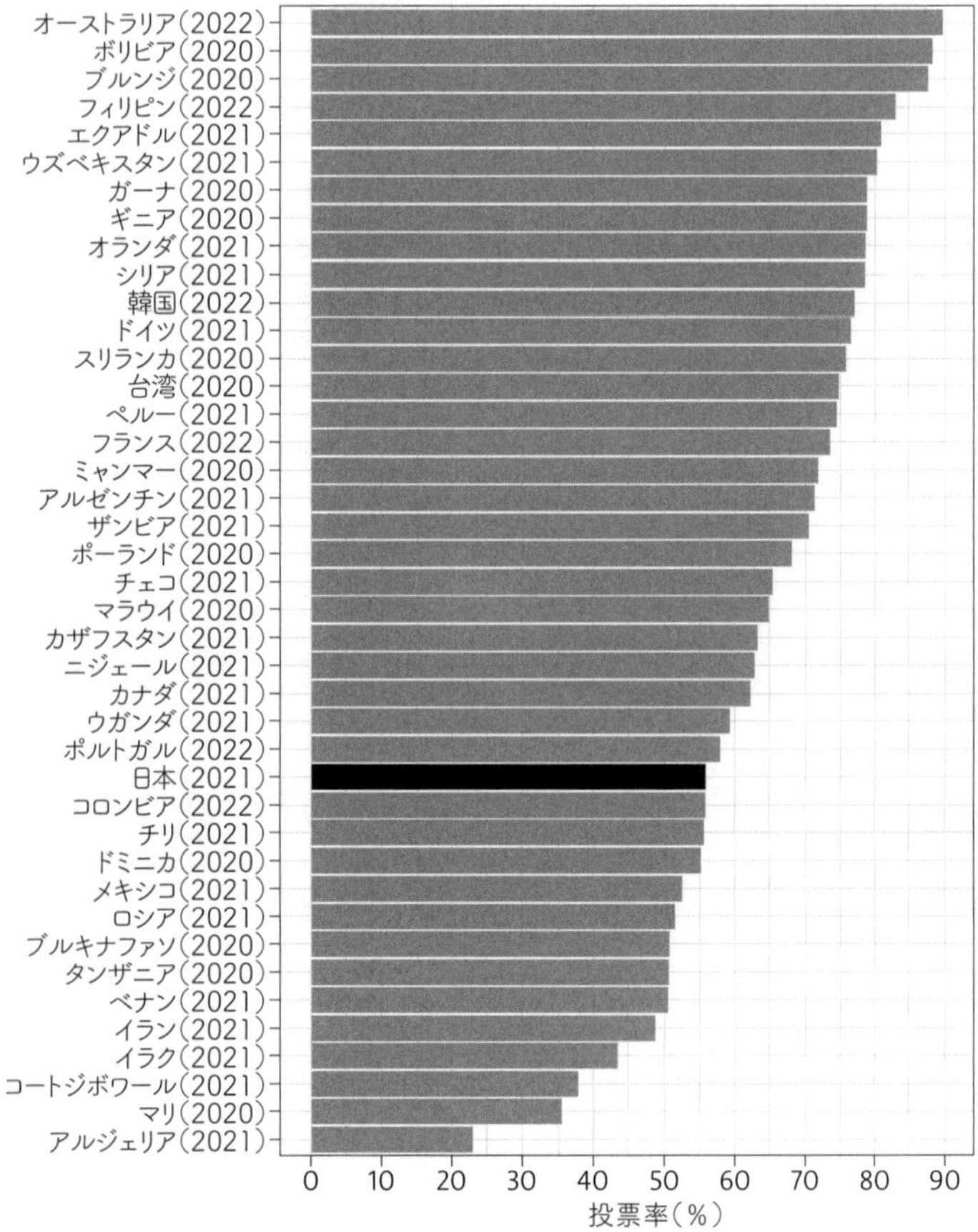

(注)　International IDEA の Voter Turnout Database にもとづく。

のうち2人に1人ほどです。つまり、日本では国政選挙で投票に行く人たちと行かない人たちの割合が拮抗している状態、そして地方選挙では投票に行かない人たちのほうが多いという状態になっています。ではこの2種類の人たちはそれぞれどのような理由で投票する・しないという決断を下しているのでしょうか。また、選挙ごとに投票に行ったり行かなかったりする人の場合であれば、いったいどのような理由で今回は投票に行こうと思うのでしょうか。

投票に行く・行かないという意思決定の背後には、わたしたちが日常的に下す決断と同じくなんらかの体系的な理由があるはずです。例えば、いくつもの商品のなかで値段が一番安くて性能もいいからこれを買う、勤務先に最も近いし家賃も許容範囲だからこの住居を選ぶ、自分のパートナーの性格をとても好ましく思うから結婚する、といった決断をイメージしてください。これらの例では金額などさまざまな条件を考慮して意思決定を行っています。同様に、わたしたちは選挙ごとにランダムに投票に行く・行かないと決めているのではなくて、なんらかの条件が満たされたときに（なかば無意識に）投票に行く・行かないと決断していると考えられます。

本書の目的は、日本の有権者を対象として、投票の要因を明らかにしていくことです。特に注目するのが、わたしたちを取り囲む環境から派生する要因です。例えば、投票しやすい制度が用意されていれば投票に行く、投票したいと思える政党の候補者が出馬しているから投票に行く、といった要因に注目します。なぜ環境条件に注目するかというと、そこから低投票率という状況を改善するための示唆が得られるかもしれないからです。例えば、第2章や第3章では期日前投票制度の役

図1－4　年代が上がると投票率も上がる

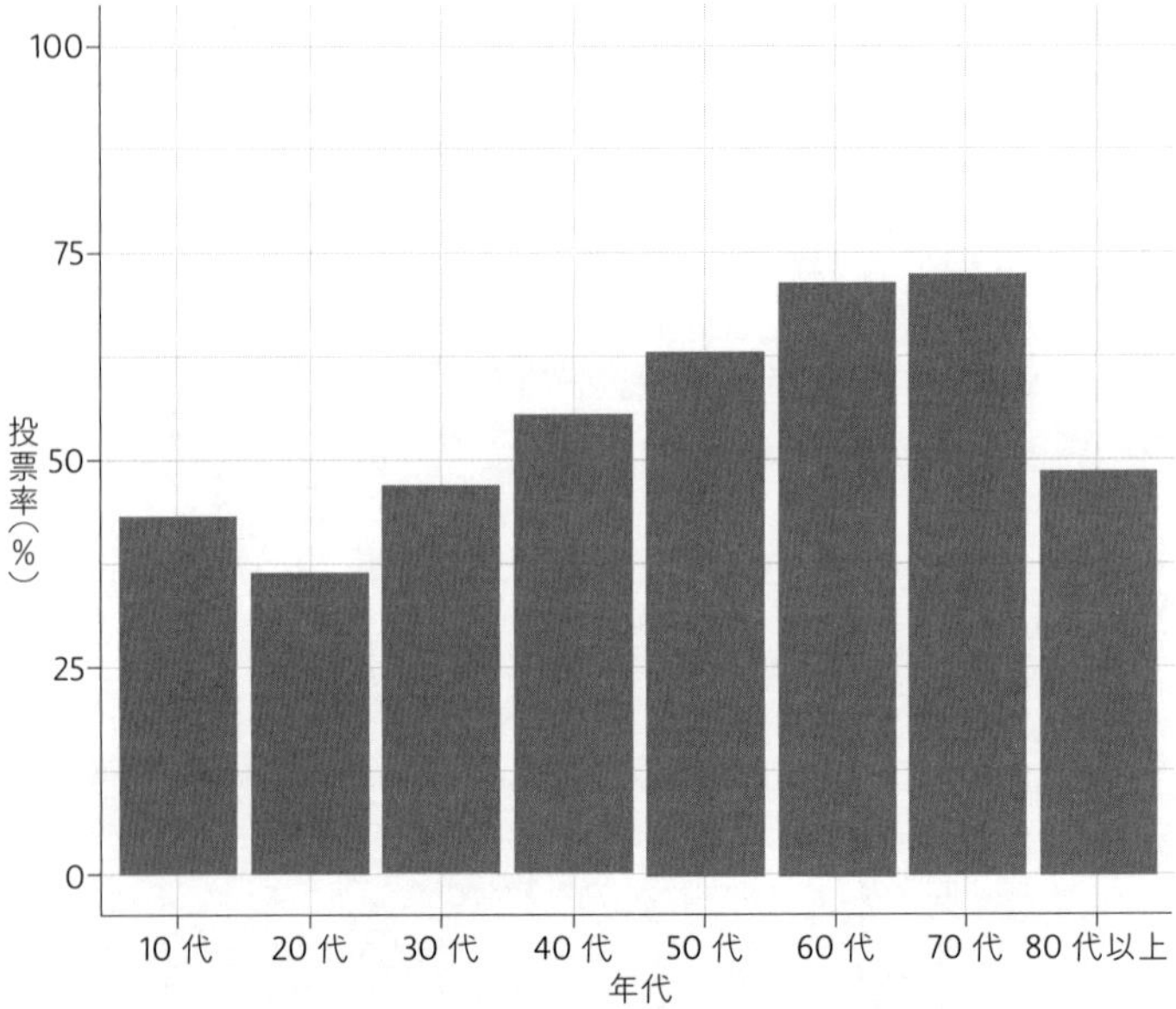

（注）総務省第49回衆議院議員総選挙・最高裁判所裁判官国民審査速報資料にもとづく。

割を分析します。もし期日前投票制度が投票率の維持や向上に役立っていることがわかれば、この制度を今後も拡充していくといった制度設計に関する提案ができます。ところが、期日前投票制度がそれほど役立っていないということがわかったのであれば、別の制度を整備することを考えるきっかけを作れます。一方で、有権者の個人属性から派生するような要因は取り扱いません。個人属性として最もわかりやすい例が年齢です。図1－4は2021年衆院選における年代別投票率を示しています。10代有権者の投票率は43％、20代有権者の投票率は37％で、その後は年代が上がるにつれて投票率も上がります。70代有権者の投票率は72％なので、20代有権者との差は35％ポイントにもなります。つまり、年齢が上がるという条件が満たされると投票に行くのです。ただ、このような条件がわかったとしても、そこから「有権者の年齢を上げる」というような政策を提案することはできないでしょう。現在の若い有権者が歳を重ねれば投票率が上がるかもしれませんが、それが現在の低投票率という問題を解決してくれるわけではありません。むしろ若い有権者の投票参加を促すような環境を特定して整備するほうが大切です。このような理由から、本書では環境に注目して投票の条件を議論していきます。

次章以降では、投票に関わるさまざまな環境要因を明らかにしていきます。重要と思われるすべての環境の役割を網羅的に調べることはできないので、特に重要でかつデータ分析を通じてなんらかのエビデンスを提示できるようなトピックに注目します。最終的な目標は、環境のちょっとした変化がわたしたちの投票参加の有無に影響を与えているという事実を示すことです。投票に行くか・行かないかはわたしたちそれぞれが決めることなので、各有権者が自分で考えればいいし、個人の問題なのだから投票率が低くてもどうしようもないと考えてしまうこともあります。本書では、投票というのは個人の意思決定という問題だけではなく、変更が可能な環境の問題でもあることを論じます。環境として注目するのが制度と政党・政治家です。投票しやすい制度が整えば、そして魅力的な政党や政治家が有権者の前に現れれば投票に行く人が増えることを示します。

4　投票のベネフィットとコスト

わたしたちを取り囲む制度環境や政治環境が投票参加の意思決定にどのような影響を及ぼすかを理解するには、投票に関するベネフィットとコストいう概念に注目するのが便利です。投票に行くかどうかを決めるときに、わたしたちは投票から得られるベネフィットの総量と投票に行くことで生じるコストの総量を比較します。そして、投票のベネフィットがコストを上回れば投票する、逆に投票のコストがベネフィットを上回れば投票しないという決断を下します。

選挙の際に投票のベネフィットとコストの計算や比較なんてしていないよと思うかもしれません。これはなかば無意識にやっていると考えてください。「友人と街に出かけて遊びたいな、でも雨が降っているから駅まで歩くのは嫌だな」ということを考えているとき、友人と出かけることで得られるベネフィットと出かけることで生じるコストを比較しています。このときも友人と出かけることで得られる楽しさというベネフィットが雨に濡れることや歩くことで生じるコストを上回れば、あなたは出かけることを選ぶでしょう。

投票から得られるベネフィットは主に3つの要素に左右されます。1つ目は選挙という民主的手続きに参加することで得られる満足感です。自分や社会にとって選挙や投票という手続きが大切だと思うのであれば、投票することで得られるベネフィットが増します。2つ目は、自分が好む政策を実現してくれそうな政党や候補者が勝利することで得られる物質的・非物質的利益です。例えば、自分と似たような政策の好みを持つ政党が政権を握って、自分の職業や居住地域にとってメリットのある政策をいくつも採用するような状況を考えてみてください。政党や候補者のなかでより望ましいと思う政党や候補者がいればベネフィットが増し、逆に誰を選んでも同じだと感じるならベネフィットはゼロに近づきます。3つ目は選挙の接戦度で、接戦度が高いほど自分の票の価値が増します。これら3つの要素についてより詳しくはコラム①-1を参照してください。

コラム①-1　投票しないパラドックス

投票に行くことで得られるベネフィットが投票に行くためにかかるコストを上回ったとき、人々は投票に行くと考えられます。この考え方を定式化すれば、

$$pB+D-C>0$$

と書き表すことができます。Cは投票に必要なコストを意味していて、投票するために必要な時間や労力が含まれます。Dは投票という民主的手続きに参加することで得られる満足感を意味します。そして、Bは自分の支持する政党や候補者が勝利することで得られる物質的・非物質的利益を指します。pは自分の1票が選挙の結果を変える確率で、選挙の接戦度が高まるほど大きくなります。

pとBが掛け算となっているのは、自分の支持する政党や候補者が選挙で絶対勝つとは限らないからです。自分の支持する政党や候補者が勝利することから得られる利益が大きくても、その候補者が

選挙区内で不人気であれば自分ひとりが投票しても選挙結果が変わることは期待できません。逆に、自分の支持する候補者の人気が高くて選挙に勝つとわかっていれば、わざわざコストを払ってまで自分が投票に行く理由がありません。自分の1票は選挙結果にほぼ影響を与えないからです。

そもそも、一部の例外を除いて、自分の1票が選挙の結果を変える確率はほぼゼロです。どれほど接戦の選挙でも、1人の有権者が選挙結果を左右することは滅多にないのです。とすると、上記の式中のpはほぼゼロに近い値ということになり、結果としてpBも小さくなります。自分の1票が選挙結果に影響を及ぼす可能性がほぼないにもかかわらず、実際は多くの人々が投票に行くという状況を投票しないパラドックスと呼びます。このパラドックスを説明する1つの重要な要素がDです。多くの有権者が十分に大きなDを持つからこそ、コストを払ってまで投票すると考えられています。

投票から生じるコストは主に投票するのに必要な時間と労力です。投票に行こうと思うと、期日前投票所や選挙当日の投票所まで足を運ぶ時間が必要です。投票所が遠くて時間がかかる場合や、大変な道のりを歩かないといけない場合は負担がより増します。そんなに大した負担ではないように思えますが、投票に行かなければその時間を他のことに使えるので、投票のために移動することはなにか他のことを諦めるという決断と同じ意味になるのです。

本書で注目する環境要因はこれらのベネフィットやコストに含まれる各要素に働きかけ、その結果として投票する・しないという決断に影響を与えます。例えば、第2章では選挙当日や期日前投票期間の投票所数という環境に注目します。ある自治体で選挙当日の投票所が新たにいくつも設置され、投票所数が純増したとします。その結果として、投票所までの距離が短くなる、つまり投票のコストが小さくなる有権者が何人も生まれます。もし投票のベネフィットやコストに含まれる他の要素に大きな変化がないのであれば、この自治体では選挙当日に投票する有権者が増え、投票率が上がると考えられます。このように各章では、投票のコストとベネフィットに働きかけると考えられるさまざまな環境要因をそれぞれ取り上げ、それらの要因の違いや変化がどのように投票率に影響を及ぼすかを順にみていきます。

環境が変われば投票率が上がるかもしれない事例を1つみてみましょう。注目するのは選挙期間の長さです。2021年衆院選の選挙日程は異例でした。衆議院が解散されたのが10月14日、公示が19日、そして投票が31日と解散から投開票までが17日間しかなく、戦後最短だったからです。逆に解散から投開票までが最長だったのが2009年衆院選で、40日間もありました。戦後の衆院選の解散から投開票の平均日数は30日です。

解散から投開票までの日数は投票率に影響を与える可能性があります。日数が長いほど候補者が選挙の準備に多くの時間を使えます（ただし実際の選挙運動は公示後にのみ行えます）。また有権者にも政党や候補者のことを調べる時間の余裕が生まれるでしょう。実際、図1－5で示すように、解散から投開票の日数と投票率の関係をみてみると正の関係があることがわかります。時代ごとの投票率のトレンドや選挙期間の変化を考慮したとしてもこの正の関係はみられます。日数が1日長くなると投票率が0・4%ポイント上がるという関係があるのです。ただ、注意してほしいのは、ここ

図1－5　解散から投開票までの日数と投票率には正の関係がある

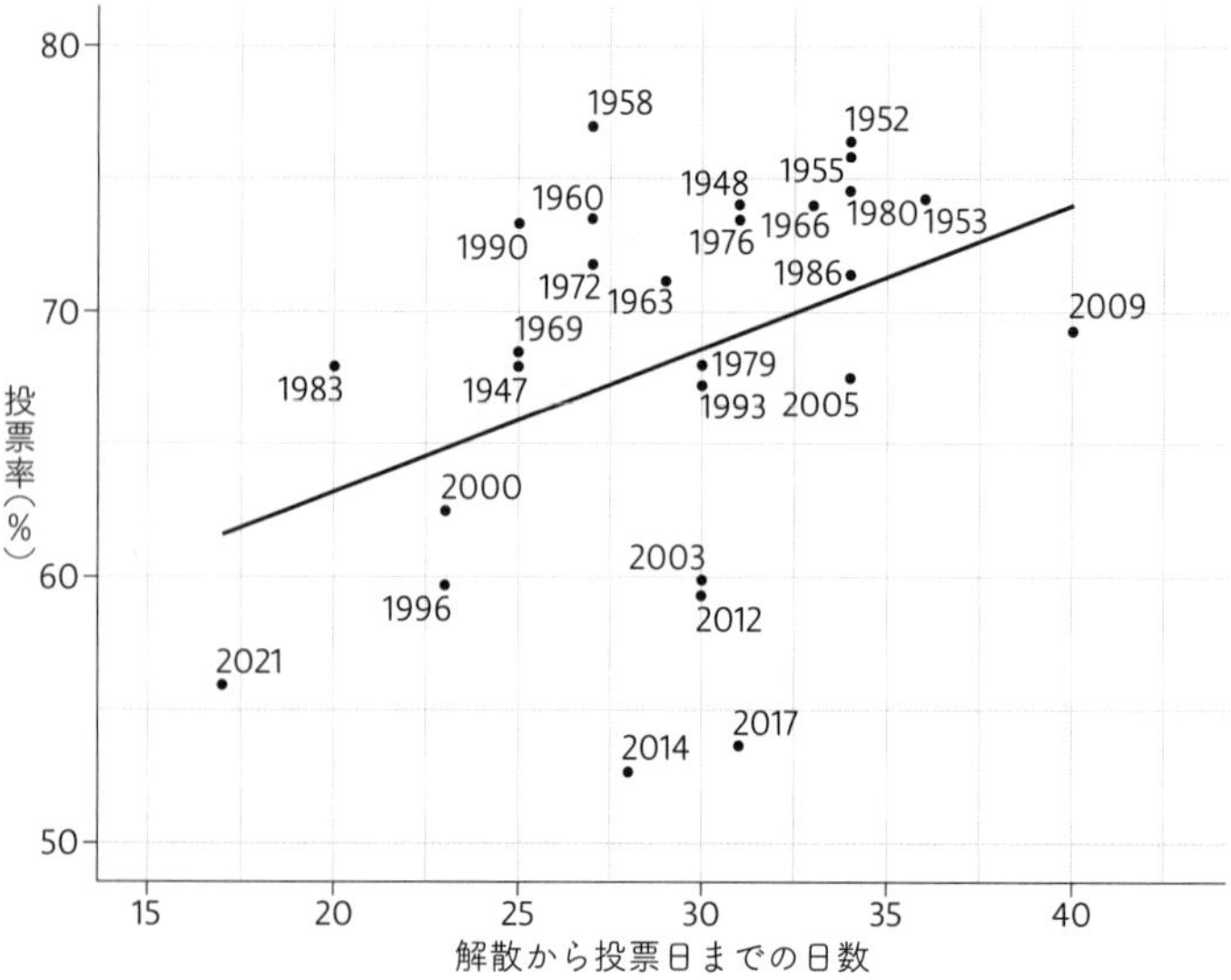

（注）　総務省衆議院議員総選挙結果調と衆議院総選挙一覧（衆議院）にもとづく。

で行っている分析は厳密なものではなく、あくまで正の関係がある可能性を示唆するにとどまっているということです。解散から投開票の日数が長くなれば投票率が上がるという結論を下すには、さらなる分析が不可欠です。

近年では公職選挙法で定められる選挙期間が短くなっています。現行の公職選挙法では衆院選の選挙期間は12日間となっています。戦後すぐの選挙では30日間認められていましたが、時代とともに徐々に短くなってきました。解散から投票日までの日数が短くなっており、また選挙期間が短縮されてきたことが投票率の低下の1つの原因かもしれません。短期間の選挙期間中に候補者や政党が名前ばかりを連呼するような選挙活動では、有権者は政策などについて十分に理解する機会が得られていない可能性もあります。そうであれば、選挙期間を十分に取るような環境を整えることで、そして選挙活動のあり方を変えることで、それらに応じて投票率が上昇するかもしれないのです。

5 本書の構成

各章で取り上げるのはそれぞれ1つの環境要因のみです。第2章と第3章は投票のコストに関連する環境要因、そして第4章から第7章は投票のベネフィットに関連する環境要因に注目します。第8章は視点を変えて、投票率の「測りかた」に関する問題を取り上げます。最終章では、多くの有権者が投票に活発に参加するようになると政治やわたしたちの生活にどのような変化が起きるのかを考えます。

第2章と第3章は投票制度の役割に注目します。第2章は、すでに書いたように、期日前投票期間と選挙当日に設置される投票所についてです。日本の選挙での一般的な投票方法は、選挙当日に自宅近くの投票所に行くか、あるいは選挙当日以前に市役所やショッピングセンターなどに設置される期日前投票所に行くかのどちらかです。近年の選挙では、期日前投票所数は増加している一方で選挙当日の投票所数は減少しています。期日前であれ選挙当日であれ、ある地域で投票所が増えるということは投票所までの距離が短くなる、つまり投票コストが低下する有権者が増えることを意味します。逆に、投票所が減るということは投票所までの距離が長くなる、つまりコストが増大する有権者が増えることを意味します。期日前投票所数が増加することと、選挙当日投票所数が減少することで投票率は変化するのでしょうか。日本全国の自治体の期日前投票所数と選挙当日投票所数の経時的変化を使って、この疑問に答えます。

第3章は投票可能な時間枠や日数の設定についてです。選挙当日であれば、一般的に午前7時から午後8時までの間に投票することができます。期日前投票制度を使えば、選挙当日以前の数日間のいずれかの日に投票することも可能です。投票できる時間枠や日にちが長めに設定されていて、いつ投票に行くかを自由に選べるとすれば、投票に行きやすくなると考えられます。日曜日午後が忙しいのであれば日曜日午前に投票することができますし、日曜日はずっと仕事や用事などで忙しい場合には土曜日に投票に行くことができるからです。つまり、投票コストの高い時間帯や日を避けることができます。一方で、いつでも投票に行けると思っていて、結果として最後までグズグズしてしまうのであれば、投票できる時間枠などを長くしてもそんなに意味はありません。では、投票するタイミングをある程度自由に決められるような制度を作った場合、有権者は各タイミングの投票コストを比較して、自分にとってコストの低いタイミングに投票に行くのでしょうか。投票コストの指標として選挙期間中の天候の変化を利用して、この疑問に答えます。

第4章から第7章は投票のベネフィットを左右する環境の役割を明らかにします。第4章は投票啓発活動の効果についてです。選挙の際には、投票参加を呼びかける啓発メッセージがテレビ、新聞、ウェブ上などで何度も発信されます。このようなメッセージを発信することで実際に投票率は向上するのでしょうか。つまり、啓発メッセージを受け取らなかった人たちと比べると、啓発メッセージを受け取った人たちの投票率は高いのでしょうか。啓発メッセージによって投票に行くメリット、つまりベネフィットを感じるようになれば投票に行くと予測できます。さらに、メッセージの内容などによって効果が大きくなったり小さくなったりということはあるのでしょうか。筆者が関わった啓発活動の効果検証を通じて、これらの疑問に答えます。

第5章は住んでいる地域の違い、特に地方と都市の投票率の違いに注目します。地方と都市の投票率を比べると、地方の投票率のほうがかなり高いことがわかります。それはなぜでしょうか。この説明として、地方と都市の議員定数配分不均衡、つまり、人口の減少してきた地方の選挙区に手厚く議席が配分され、一方で人口が急激に増加してきた都市の選挙区に議席があまり配分されてこなかったことが原因の1つであった可能性を考えます。議席が手厚く配分され有権者あたり議員が増えると、その選挙区にもたらされる利益の分け前が増えます。分け前の量が増えることを知れば、誰を選ぶかも重要になってくるので、投票に行くベネフィットを感じやすくなります。1990年代の選挙制度改革前後の議員定数配分不均衡の是正という事例に注目して、改革前後で地方と都市で投票率の差がどのように変化したかを明らかにします。

第6章は新党の参入についてです。日本ではこれまで数多くの政党が誕生し、選挙で候補者を擁立してきました。既存の政党が提示する政策やこれまでの業績があまり好ましく思えず、投票したい政党がないと感じていた有権者がいたとしましょう。この有権者は投票したい政党候補者をみつけられなかったため、これまで投票に行っていなかったとします。この有権者にとって、新党候補者の参入は魅力的な選択肢を増やし、結果として投票するベネフィットが高まるので投票に行くようになるのでしょうか。1960年代の公明党、1990年代の日本新党、そして2010年代の日本維新の会という3つの新党参入事例を使って、新党参入後に投票率が増加したかを明らかにします。

第7章は女性議員についてです。日本の政治は圧倒的に男性優位です。国会議員と地方議会議員、そして知事や市長の多くは男性です。人口の半数を占める女性有権者は自分とは性別が異なる候補者や議員ばかりという状況のなかで投票に行くかどうかを決めてきたのですが、では自分と同じ性別の女性議員が増えると女性有権者はより活発に投票に行くようになるのでしょうか。また女性議員が増えることは男性有権者の投票参加にどのような影響を及ぼすのでしょうか。議会内の女性議員比率の増加は議会のイメージアップにつながり、これが男女両方の投票率の向上につながるという仮説を立てて、女性議員比率が速いペースで増加している東京都内の23特別区の区議会議員選挙データを使ってこの仮説を検証します。

第8章は投票参加の測りかたについてです。第4章を除いて、本書の分析はすべて集計データと呼ばれる情報を使います。有権者のうち投票に行った人たちの割合を自治体別に集計することで投票率データが作成できます。このデータを利用してさまざまな環境の違いが投票参加に与える影響を調べるのです。投票参加を測るもう1つの方法は、有権者から個別に情報を得ることです。世論調査などを通じて「あなたは投票に行きましたか」と個別に尋ねることで、どの有権者が投票に行ったか・行かなかったかを記録できます。世論調査を通じた測定は貴重な情報をもたらしてくれるのですが、一方でそのデータの質には問題があることもわかっています。どんな問題があるのか、どのような方法を通じてその問題を克服できるのかを明らかにします。

最終章の第9章は投票参加がわたしたちに何をもたらすのかを考えます。本書では、「投票率が低調なのは問題なのだから、それを改善するための方法を知りたい」という目的のもとで、問題改善につながりそうな投票環境の役割に注目します。最後に立ち止まって考えたいのは、「そもそも投票率が低いことは本当に問題なのか」という疑問です。より多くの人が投票に行くことになんの意味があるのかと言い換えてもいいでしょう。最終章ではこの疑問にきっちりと向き合い、これまでの研究蓄積を使いながら、投票率が上がったら政治や政策にどのような変化が生じるのか、なにか望ましいことが起きるのかを論じます。

本書ではいくつかの工夫を行っています。選挙制度やデータ分析に関する前提知識がなくてもすらすら読めるような記述を心がけました。制度の詳細やデータ分析の技術的詳細は各章のコラムにまとめています。自前の分析結果を使うことで、学術的にも妥当であると思われるエビデンスを提示しています。分析には因果推論の各手法を利用しています。因果推論の概略に興味がある方はコラム①－2、そして拙書『政治学と因果推論――比較から見える政治と社会』（岩波書店、2021年）をご覧になってください。各章で取り上げられなかったけれども興味深いと思われるトピックについてもコラムで解説をしています。

本書が想定している対象は、政治参加や選挙に関心のある人たち、低投票率という現状をなんとか変えたいと思っている人たち、そして選挙の現場で実務に関わっておられる人たちです。本書を読んで、政治や投票率についての考えをさらに深めるきっかけになれば幸いです。

コラム①－2　因果推論とはなにか

ある会社のマーケティング部門で働いているBさんは、今度会社で発売する若者をターゲットにした新商品のプロモーションを担当することになりました。Bさんは、広告が販売促進のための良い方法であると考えており、広告がどの程度売上に貢献するかを調べようとしています。このように、広告（原因）が売上（結果）に与える影響を測定することを「因果推論」と呼びます。

実際に広告がどの程度売上に貢献するかを調べるためには、広告を配信する地域と配信しない地域の売上高を比較すればいいでしょう。その際に、住民の多い東京都のみで広告を配信したとします。配信後しばらくしてから東京都内の自治体と近隣県の売上高を比較したとします。もし近隣県と比べて都内の売上高が高かったとしても、これは広告の効果だと断定することはできません。というのも広告が販売を促進したのか、あるいは都内住民は平均的に若いので新商品に興味を持ちやすい傾向にあったのかがわからないからです。

そこで、因果推論では、似たような特徴を持っている人々や地域を広告配信ありと配信なしの2グループに分けて、グループ間の売上高を比較することで効果を測定します。なぜ似たような特徴を持っている2つのグループを比較するかというと、広告配信以外の要因が売上高に影響を及ぼす可能性を排除したいからです。もし広告配信ありと配信なしの2グループの年齢構成がほぼ同じであれば、年齢構成が売上の違いを生み出す可能性はありません。

では、どのようにして似たような特徴を持つけれども広告配信の有無が異なる2つのグループを作るのでしょうか。本書で用いている代表的な2つの手法をここでは紹介します。1つ目は無作為化実験（第4章）です。この手法では無作為に人々や地域を広告配信ありとなしの2グループに分割して、売上高を比較します。2つ目は差の差法（第6章）です。この手法では、広告配信があった地域となかった地域の売上高の変化を比較します。それぞれの手法の具体的な実例は各章で確認してください。

参考文献

浅古泰史『ゲーム理論で考える政治学』有斐閣、2018年：第1章。
アンソニー・ダウンズ／古田精司監訳『民主主義の経済理論』成文堂、1980年。
蒲島郁夫・境家史郎『政治参加論』東京大学出版会、2020年。
松林哲也『政治学と因果推論――比較から見える政治と社会』岩波書店、2021年。

Leighley, Jan E. and Nagler, Jonathan, *Who Votes Now?*, Princeton University Press, 2014.

第2章

投票所が近いと投票に行く？
——投票所と投票参加

1　変化する投票環境

この前の選挙ではどこで投票しましたか？　選挙当日の日曜日に近所の投票所に足を運んだか、あるいは選挙前日まで設置される期日前投票所に行ったのではないでしょうか。

日本の選挙は、有権者が選挙当日に自宅近くの投票所を訪れて自ら票を投じるという投票日当日投票所投票主義にもとづいて行われます。この原則の例外の1つが2003年に導入された期日前投票制度を使った投票です。選挙当日の日曜日に仕事や遊びの予定が入っていて投票に行くのが難しい場合、期日前投票期間中（衆院選の場合は11日間）に自分が居住する自治体の期日前投票所に行けば投票することができます。また、選挙期間中に長期の旅行や出張に出かけている場合や、身体の不具合のために投票所に行くことが難しい場合でも投票する機会を保障するための制度が用意されています。２０２１年衆院選のデータをみると、投票した有権者のうち期日前投票所で投票した割合は約35％で、残りの65％の有権者のほとんどは選挙当日に投票所で投票しています。

有権者の大部分が期日前投票所か選挙当日投票所で投票していることを踏まえると、それぞれの投票所がどれだけ設置されるかで投票率が左右される可能性があります。後述するように、投票所数は投票の利便性に影響を及ぼすかもしれないからです。現行の期日前投票制度のもとでは各自治体は少なくとも1つの期日前投票所を設置する義務があるのですが、有権者の利便性を考慮して最近の選挙では自治体内にいくつも期日前投票所を設置する事例が増えています。図２－１は２００５年以降の6回の衆院選における全国の期日前投票所数の推移を示していますが、その数は徐々に増加していることがわかります。２０２１年衆院選の場合、有権者10万人あたり約5・5か所の期日前投票所が設置されました。

期日前投票所数の増加と並行して起きているのが、選挙当日の投票所数と投票時間の減少です。図２－１では１９５８年から２０２１年の各衆院選における有権者1万人あたりの選挙当日投票所数の推移も示しています。１９６０年前後には有権者1万人あたり8つの投票所が用意されていたのですが、２０２１年衆院選ではその数は4・5に減りました。また、図２－２は投票時間の繰り

図2－1　選挙当日の投票所数は減っているが期日前投票所数は増えている

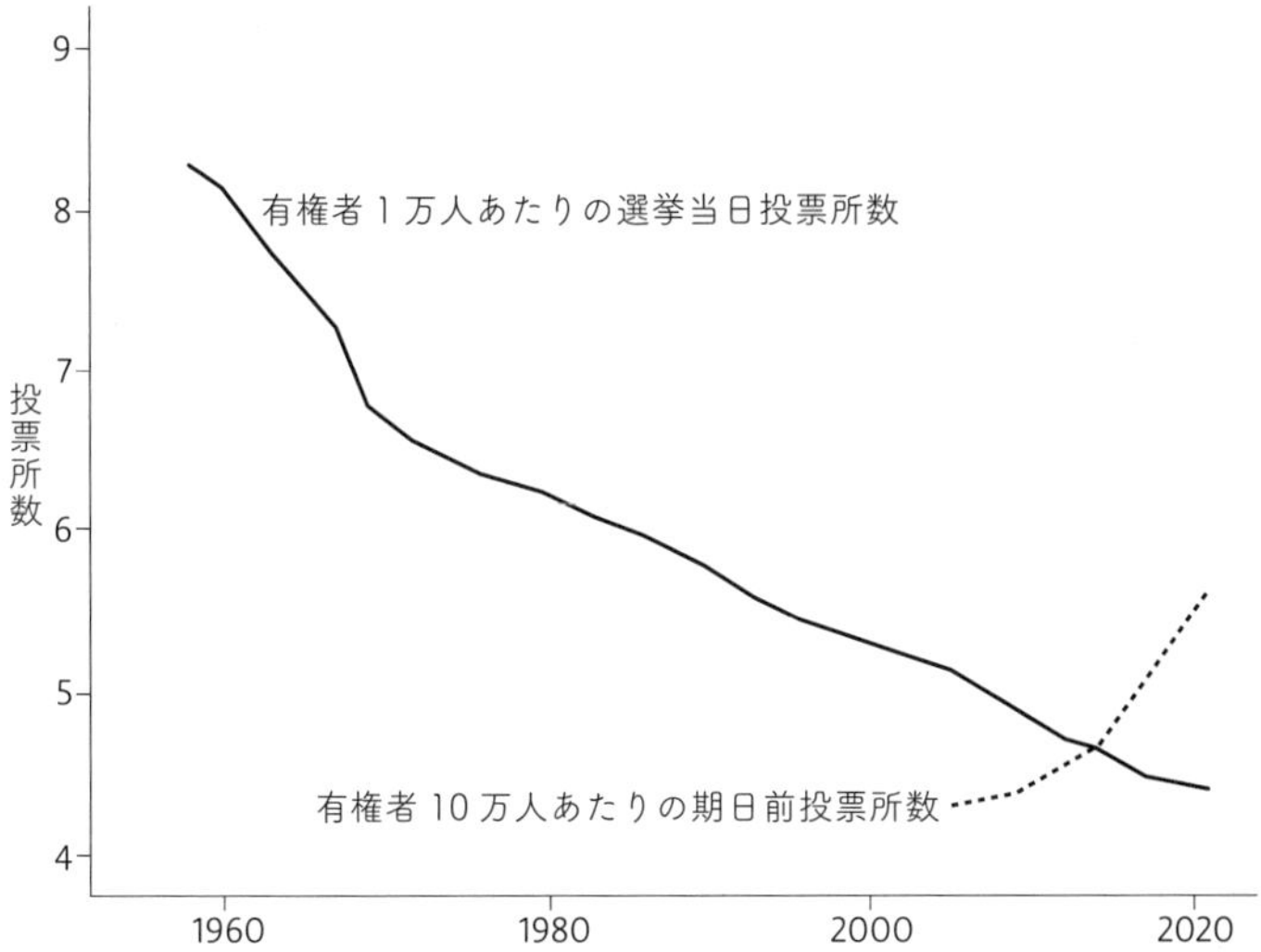

（注）　総務省衆議院議員総選挙結果調にもとづく。

上げ・繰り下げを実施した投票所の割合を示しています。選挙当日の投票所で投票できる時間は7時から20時と定められているのですが、最近の衆院選では2～3割の投票所で投票開始時刻が8時に繰り下げられたり投票終了時刻が18時や19時に繰り上げられたりする事例が増えています。

期日前投票制度の充実、そして投票当日の投票機会の縮小といった投票環境の変化はわたしたちの投票参加にどれだけの影響を及ぼしているのでしょうか。選挙当日の投票所が減ると投票率は下がるのでしょうか。期日前投票所数が増えると投票率は上がる傾向にあるのでしょうか。もしかすると選挙当日投票所数の減少の影響は期日前投票所数の増加の影響で相殺されているかもしれません。この章では日本全国の自治体別の投票所数のデータを用いて、これらの疑問に答えていきます。

次節では、最近の衆院選における選挙当日投票所数と期日前投票所数の変化を都道府県別に詳しくみてみます。第3節では、投票コストという観点から、どのようなメカニズムを通じて投票所数の変化が投票率に影響を及ぼすかを考えてみます。第4節では自治体別のデータを用いた分析結果を紹介します。第5節では投票所数の変化の背景にある要因、そして今後の投票環境のあり方を考えます。

2　選挙当日投票所数の減少と期日前投票所数の増加は関連している

図2－1から明らかなのは、選挙当日投票所数の減少と期日前投票所数の増加はそれぞれ独立して生じている現象ではないということです。投票所の設置運営は各市区町村の選挙管理委員会が担っています。さまざまな事情から選挙当日投票所の数をこれまでどおりに維持するのが難しいので統廃合を進めるけれど、有権者の投票の利便性を維持するために期日前投票所数を充実させようという発想を各地の選挙管理委員会が持っていても不思議ではありません。

図2－3は、2005年から2021年にかけての選挙当日投票所数と期日前投票所数の変化を

図２－２　選挙当日の投票時間の繰り上げ・繰り下げを行う投票所が増えている

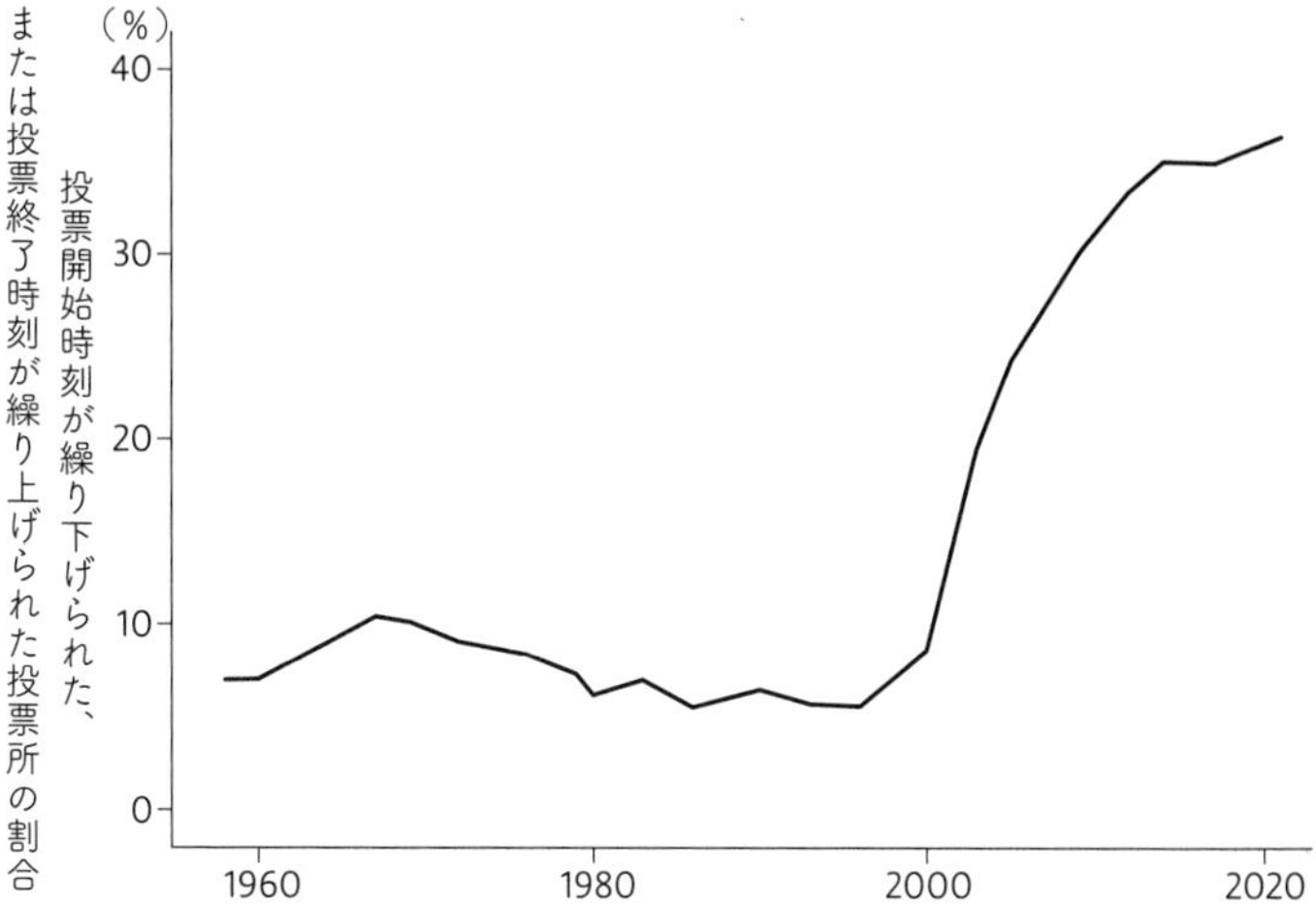

（注）総務省衆議院議員総選挙結果調にもとづく。

都道府県レベルのデータを使って示しています。２００５年は衆院選で期日前投票制度が初めて導入された年で、２０２１年は直近の衆院選の年です。各都道府県内の市区町村の選挙当日投票所数と期日前投票所数を合計し、２０２１年と２００５年の差を求めました。マイナスの数値は投票所が減ったことを意味していて、プラスの数値は増えたことを意味しています。

図２－３は興味深い関係を示しています。図中で右中段に位置する東京都、大阪府、神奈川県、埼玉県といった都市圏の府県を無視すると、選挙当日投票所数と期日前投票所数の変化には負の関係があることが読み取れます。つまり、２００５年から２０２１年にかけて選挙当日

図2－3　選挙当日投票所数が減っている都道府県では期日前投票所数が増えている

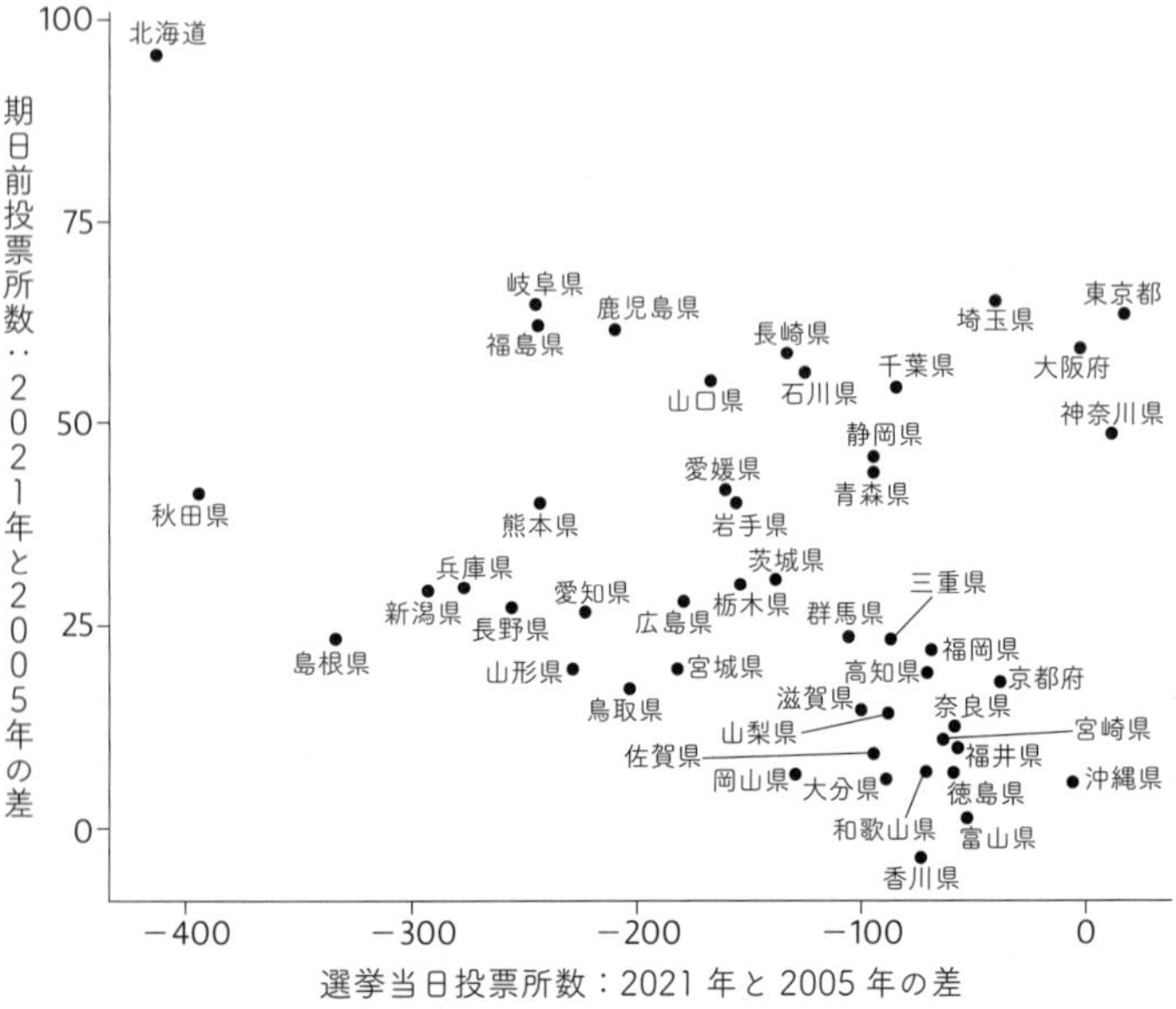

（注）　総務省衆議院議員総選挙結果調にもとづく。

投票所数が減っている県ほど期日前投票所数が増えているのです。極端な例は北海道で、この期間に選挙当日投票所数が約400減りましたが期日前投票所数が100近く増えています。一方で、選挙当日投票所数にあまり変化のない沖縄県では期日前投票所はそれほど増えていません。図2－3から、多くの県では選挙当日投票所数の減少を期日前投票所数の増加で補おうとしていることが推測できます。

もう1つ重要なのは、有権者規模の大きい東京都や大阪府などではこのような傾向はみられないことです。右中段に位置する東京都、大阪府、神奈川県、埼玉県では選挙当日投票所数にはあまり変化がないのですが、期日前投票所数が50から60か所ほど増えています。当日投票所数を維持する一方で、さらに利便性を高めるために期日前投票所を増やしているのかもしれません。選挙当日投票所数や期日前投票所数の変化の背後にはどのような要因があるのかについては、第5節で検討します。

3　投票所と投票コスト

投票するためにはいくらかのコストを負担する必要があります。前述したように、一部の例外を除いて、現在の日本の投票制度のもとでは有権者は投票期間中に投票所に足を運ぶ必要があります。期日前投票期間であれば、役所、公民館、あるいはショッピングセンターなどに開設される投票所に行けば票を投じることができます。選挙当日であれば、自宅近所の小学校や集会所などに開設される投票所に行く必要があります。いずれの場合も、投票所まで移動するのに必要な時間と労力がコストとなります。

さらに、投票するために使った時間でできていたはずの他の用事を諦める必要もあります。例えば、投票するためには投票所までの移動を含めて30分が必要だとしましょう。もし投票に行かなければ、この30分間を家の掃除、ジョギングや買い物、あるいは家でゆっくりテレビを見ることに使えたかもしれません。つまり、投票することでできなかった他の活動を諦めるというコストも発生するのです。これを機会コストと呼びます。

当然のことですが、投票所までの移動に関わるコストや機会コストは投票所がどこにどれだけ設置されているかに大きな影響を受けます。鉄道駅やバス停が自宅近くにあればそれらを利用するコストが低くなるのと同様の関係です。極端な例として、自宅そばに投票所がある場合と自宅から歩いて5キロのところに投票所がある場合を比べてみましょう。自宅そばに投票所があれば、時間も労力もほとんど必要ないでしょう。もしかしたら10分もかからず投票して帰宅できるかもしれません。投票するのに必要な時間が短くなれば、他の用事を済ませたりリラックスできたりします。ところが、自宅そばの投票所がなくなり、5キロ離れた投票所に行くことになったとします。この場合には、かなりの時間と労力が必要です。投票所まで歩くとなると、往復で1時間以上は必要です。自家用車で行くとしても数十分はかかるでしょう。その時間にやろうと思っていた家事や娯楽を諦める必要もあります。つまり、投票所が遠ければ移動に伴う時間と労力が増える、つまり投票コストが大きくなるのです。

図2－1では衆院選において期日前投票所数が増える一方で選挙当日投票所数が減っていることを示しましたが、各投票所数の変化は投票コストに影響を及ぼしている可能性が高いです。選挙当日投票所数が減るということは、選挙当日投票所数の統廃合が進んでいることを意味しています。ある市において過去の選挙では10あった選挙当日投票所数が、今回の選挙では統廃合の結果として

8に減ったとします。廃止された2つの投票所で前回まで投票していた有権者は、今回の選挙から別の投票所に行くことになります。通常、有権者は自宅から最寄りの投票所で投票できるようになっているので、最寄りの投票所が廃止されれば2番目に近い投票所に行くことになります。つまり、これらの有権者の多くは投票所までの移動距離が前回よりも長くなると考えられます。もし投票コストに関わる他の条件が大きく変化しないのであれば、移動距離が長くなったことで嫌気が差して投票に行かなくなる有権者が何人も出てくるかもしれません。投票所が減ってこのような有権者がたくさん生まれれば、この市では選挙当日投票所数が減った結果として投票率が下がると予測できます。

一方、期日前投票制度が導入されたことで投票コストが下がった有権者もいるかもしれません。最近の選挙では多くの市区町村が複数の期日前投票所を設置しています。また利便性を高められるように、ショッピングセンターや駅など多くの人が集まる場所に期日前投票所を設置する事例が増えています。例えば、2022年の参院選の際には全国132のイオン関連の商業施設（イオンモールなど）に期日前投票所が設置されました。また、自家用車や公共交通機関での移動が難しい有権者を対象として、バスなどが地域をまわり、車内で投票ができる移動投票所を活用する市区町村もあります。

とある市では過去の選挙では市役所に1つだけ期日前投票所を開設していたのですが、今回の選挙から市内のショッピングセンターに新たにもう1つ期日前投票所を開設したとします。市内の有権者はどの期日前投票所で投票してもよいので、期日前投票所数が増えれば移動距離が短くなる有権者が増えます。特に、期日前投票期間は比較的長く設定されていることが重要です。選挙当日の日曜日は仕事や用事があって投票に行けないけれど、それ以前の期日前投票期間であれば時間を作ることができそうだという有権者が一定数いることが考えられます。他の条件は変化しないなかで期日前投票所数が増えれば、これらの有権者の投票コストが減るでしょう。その結果、投票率が上がると考えられます。

多くの地域で選挙当日投票所数の減少と期日前投票所数の増加が並行して起きていることを踏まえると、これら2つの変化が投票率に与える影響の強さを比較することが重要になります。例えば、ある自治体では前回と比べて今回の選挙では選挙当日投票所数が5つ減ったけれど、期日前投票所数が1つ増えたとしましょう。もしこれらの変化の影響が同等であれば、つまり選挙当日投票所数が5つ減ったことで投票率が1％低下したけれど期日前投票所数が1つ増えたことで投票率が1％上昇したというようなことがわかったとすれば、この発見は今後の投票所設置に重要な示唆を与えます。選挙当日投票所数の減少の影響を期日前投票所の追加設置で補えるかもしれないからです。一方、もし選挙当日投票所数の減少の影響が期日前投票所数の増加の影響を大きく上回るようであれば、選挙当日投票所数の減少が投票率の低下をもたらしているといえるかもしれません。

4　3回の衆院選のデータを使った分析

分析に使用するデータは2014年、2017年、そして2021年衆院選における全国約1700の市区町村の選挙当日投票所数と期日前投票所数、そして投票率です。これら3回の衆院選に注目するのは、ほぼすべての市区町村について選挙当日投票所数と期日前投票所数のデータを収集することができたからです。2014年より以前の衆院選についてはデータを入手できなかった市区町村が多かったため、分析に含めませんでした。2014年以降でも投票所数データを入手できない市区町村があったので、それらも分析から省かれています。投票率データの入手先についてはコラム②-1を参照してください。

選挙当日投票所数は、選挙当日に各市区町村内に設置された投票所の数を合計したものです。投票所までの距離や投票所あたりの有権者数には基準が設定されており、面積の広い市区町村や人口の多い市区町村では投票所数が多くなります。また、前述のように、多くの投票所では開設時間が繰り下げられたり（7時ではなく8時や9時に開始）繰り上げられたり（20時ではなく19時や18時に終了）していて、これも投票率に影響を及ぼす可能性があります。ただ、分析対象の衆院選についてはこの情報を網羅的に集めることができなかったため、今回の分析では開設時間を考慮せず投票所数のみに注目します。

コラム②－1　投票率データはどこで入手できるか

市区町村別や選挙区別の投票率は各選挙後に市区町村や都道府県の選挙管理委員会によって公開されます（詳しくは第8章を参照）。過去の選挙の投票率を全国の市区町村別に網羅した主要データソースを以下にまとめています。

1　名称：総選挙データベース：ＪＥＤ－Ｍデータ
期間：衆院選、第28回（１９５８年）から第49回（２０２１年）
入手先：レヴァイアサン・データバンク http://www.bokutakusha.com/databank/index.html
備考：市区町村別と選挙区別の投票率が含まれている

2　名称：参議院議員通常選挙データベース（参院選ＤＢ）
期間：参院選、第7回（１９６８年）から第23回（２０１３年）
入手先：http://db.cps.kutc.kansai-u.ac.jp/
備考：２０１６年以降の投票率データは筆者のウェブサイトより入手可能

3　名称：The Reed-Smith Japanese House of Representatives Elections Dataset
期間：衆院選、第23回（１９４７年）から第47回（２０１４年）
入手先：https://dataverse.harvard.edu/dataset.xhtml?persistentId=doi:10.7910/DVN/QFEPXD
備考：候補者情報や選挙区情報も含まれている

4　名称：自治体選挙結果調査
期間：都道府県・市区町村の首長および議会選挙：２０１８年以降

入手先：http://www.jichisoken.jp/archive/jichitaisenkyo/index.html

期日前投票所数は、期日前投票期間中に各市区町村内に設置された投票所の数を合計したものです。各市区町村は期日前投票所を少なくとも1か所を衆院選の公示日以降の11日間にわたって設置することとなっています。さらに追加で市区町村内に期日前投票所を設置することもできます。これら追加の期日前投票所の設置日数は自由に決められるので、移動期日前投票所などの場合には1日のうち数時間のみ設置されることもあります。ここでは開設日数を考慮せず市区町村内に設置されたすべての期日前投票所数を使うこととします。

以下の分析では、選挙当日投票所数については有権者1万人あたり、そして期日前投票者数については有権者10万人あたりを使います。図2－1からわかるように、2014年から2021年の衆院選にかけて有権者1万人あたり選挙当日投票所数と有権者10万人あたり期日前投票所数はそれぞれ約5となっていて、投票所が1つ増えたり減ったりする意味を比較しやすいからです。

2014年から2021年の3回の衆院選において1万人あたり選挙当日投票所数が最多だった市区町村は奈良県野迫川村で約305（2021年）でした。野迫川村の有権者数は328人、選挙当日投票所数は10か所です。最小は沖縄県与那原町で0・64（2021年）でした。与那原町の有権者数は1万5540人、選挙当日投票所数は1か所です。10万人あたり期日前投票所数が最多だったのは鹿児島県三島村で約707（2021年）です。三島村の有権者数は283人、期日前

図2－4　選挙当日投票所数が減少すると投票率は低下するが期日前投票所数が増加すると投票率が上昇する

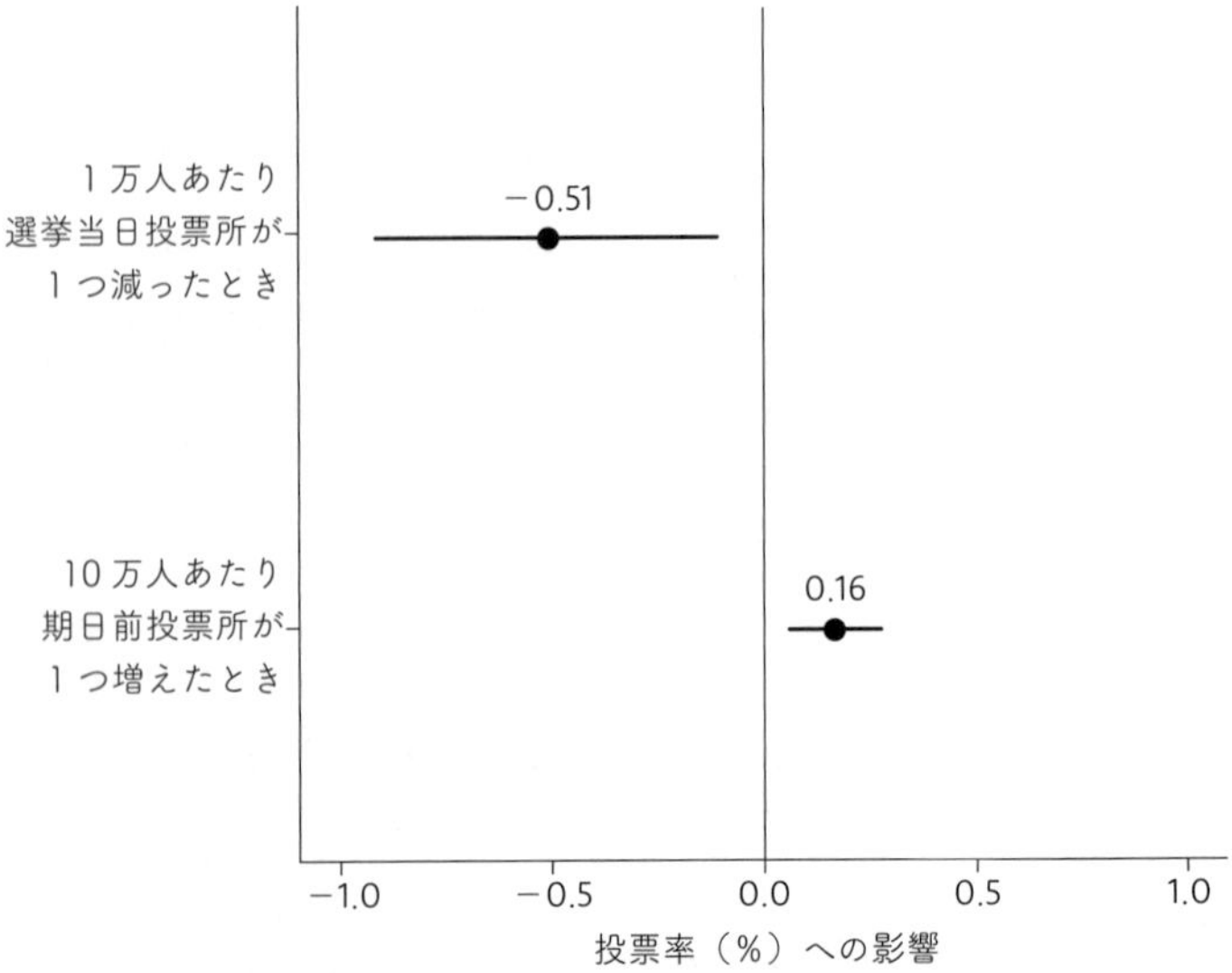

（注）2014年から2021年の3回の市区町村別衆院選データにもとづく。

投票所数は2か所でした。最小は大阪府茨木市で0・45（2014年）です。大阪府茨木市の有権者数は22万1050人で、期日前投票所数は1か所でした。

投票率は（投票した有権者数／総有権者数）に100をかけて求めました。%なので0から100の間の値をとります。3回の衆院選での総投票率の最小値は約32%（長崎県佐世保市、2021年）、最大値は約91%（新潟県粟島浦村、2014年）です。

投票所数が投票率に与える影響を分析した結果を図2－4にまとめました。分析手法の詳細や図の読み方についてはコラム②－2をみてください。分析結果の解釈を容易にするために、まず分析結果を使って、1万人あたり選挙当日投票所数の平均値（＝4・50）と10万人あたり期日前投票所数の平均値（＝5・14）のもとでの投票率をそれぞれ求めました。そして、1万人あたり選挙当日投票所数が平均値から1つ減ったときと10万人あたり期日前投票所数が平均値から1つ増えたときの投票率も求めて、各投票数の増減で投票率がどれだけ変化したかを計算しました。

図2－4によると、1万人あたり選挙当日投票所数が平均値から1つ減ると投票率が0・51％ポイント下がります。予測どおり、選挙当日投票所数の減少は投票率の低下と結びついているようです。一方で、10万人あたり期日前投票所数が平均値から1つ増えると投票率は0・16％ポイント上がります。期日前投票所数の増加は投票率の上昇と結びつくことが示されています。投票所数の増減は有権者の投票コストを変化させ、それが投票率の変化をもたらしていると考えられます。

図2－4の結果でもう1つ重要なのは各投票所数の増減がもたらす投票率の変化の大きさを比較することです。1万人あたり選挙当日投票所数が1つ減ることで投票率が0・51％ポイント減りますが、10万人あたり期日前投票所数が1つ増えても投票率は0・16％ポイントしか上がりません。市区町村内で（1万人あたり）選挙当日投票所数が1つ減ることで投票率がかなり下がるのですが、（10万人あたり）期日前投票所を1つ追加で設置しても投票率の減少は補えないようです。期日前投票所を3つ追加で設置することでようやく減少が補えることが示されています。

コラム②-2　分析方法の詳細と図の読み方

市区町村内の投票所数と投票率の関係を調べるために固定効果を含めた回帰分析を使います。この手法は各市区町村内で投票所数が変化したときに投票率がどれだけ変化するかを明らかにしてくれます。市区町村の特徴（例えば面積など）が投票率に及ぼす影響や各衆院選時の政治経済状況が投票率に及ぼす影響を取り除いたうえで、投票所数と投票率の関係を炙り出す方法です。さらに各市区町村の人口構成の変化（人口規模と65歳以上人口比率）も考慮しました。1万人あたり選挙当日投票所数と10万人あたり期日前投票所数は自然対数に変換をしたうえで推定を行いました。また、市区町村間の人口の違いを考慮するために、推定の際には人口での重み付けをしています。標準誤差は市区町村でのクラスター処理を行いました。なお、本文中の分析結果の解釈では投票所数と投票率には因果関係があるという解釈をしていますが、この解釈はかなり強い仮定にもとづいたものなので注意が必要です。

図2-4は1万人あたり選挙当日投票所数と10万人あたり期日前投票所数についての結果のみを示しており、分析結果から得られるその他の情報は割愛しています。本文中の説明の繰り返しになりますが、分析結果の解釈を容易にするために、回帰分析からの結果を使って簡単な操作を行いました。まず、1万人あたり選挙当日投票所数の平均値と10万人あたり期日前投票所数の平均値のもとでの投票率をそれぞれ求めました。次に、1万人あたり選挙当日投票所数が平均値から1つ減ったときと10万人あたり期日前投票所数が平均値から1つ増えたときの投票率も求めて、2つの条件における投票率の差を求めました。1万人あたり選挙当日投票所数を例にとると、

1万人あたり選挙当日投票所数が平均値のときの投票率
−1万人あたり選挙当日投票所数が平均値から1つ減ったときの投票率

を求めたということです。この計算結果が図2−4です。図中の黒丸はこの差を意味していて、黒丸の周りの黒線はその95％信頼区間を意味しています。95％信頼区間は、各投票所が1つ増えたり減ったりすることが投票率に及ぼす真の影響がこの信頼区間のどこかに含まれている確率が95％ということを意味します。各信頼区間がゼロの値から離れたところに位置しているので、投票所の増減が及ぼす影響はゼロではない可能性が非常に高いことが示されています。さらに、黒丸の位置をみると1万人あたり選挙当日投票所数が平均値から1つ減ると投票率が下がること、10万人あたり期日前投票所数が平均値から1つ増えると投票率が上がることがわかります。

5　なぜ選挙当日投票所数は減少しているのか

過去数十年間に投票の利便性を高めるべく、さまざまな制度変更が実施されてきました。代表的な制度変更は、この章で注目してきた期日前投票制度の導入（2003年）です。これに先立つ1998年には、選挙当日の投票時間が2時間延長されています。また、2016年には共通投票所制度が導入されました。この制度を使って、選挙当日に自治体内の誰もが投票できる共通投票所を設置したり、自治体内のすべての投票所を共通投票所と設定して有権者がどの投票所でも投票できるように環境整備を行ったりする自治体が出てきています。

これまでの制度変更は投票の利便性を高めることを意図したものばかりなので、この流れに逆行する形で選挙当日の投票所数の削減が進んでいるのは不思議に思えます。実際、前節の分析は選挙当日投票所数が減少すると投票率も低下するという関係があることを示唆しており、地域によりスピードは異なりますが投票の利便性が低くなる制度変更が少しずつ進んでいるといってもいいでしょう。

なぜ選挙当日投票所数の削減が進んでいるのでしょうか。ここでは再び都道府県別の投票所数のデータを使って、背後にある原因を推測してみます。自治体内の投票所設置については、有権者の自宅と投票所の距離が3キロメートル以内であること、1つの投票所の有権者数は3000人以内とすること、などの基準があります（旧自治省通知）。この基準は絶対に遵守しなければならないものではないのですが、各地の選挙管理委員会の多くはこの基準に即して投票所を配置してきたと考えられます。

ところが、過疎化の進展や人口減少を背景として、特に地方の自治体でこの基準を守ることが難しくなってきた可能性があります。面積が大きいある自治体では、移動距離を考慮して有権者数の少ない地域にいくつも投票所を設置してきたとしましょう。この地域では人口減少が進み、また期日前投票制度を利用する有権者が増えたことで、選挙当日にそれぞれの投票所で投票する有権者数が激減したとします。選挙当日投票所の設置にはさまざまなコストがかかるため（例えば、投票所の設置場所の確保、投票所運営の人材確保、投票箱の運搬など）、「利用者」の少ない投票所を近隣の投票所と統合することで、運営コストを下げようとするインセンティブが選挙管理委員会に生まれます。これは、日本国内の人口分布の大きな変動が選挙当日投票所数に影響を及ぼしている可能性を示唆しています。

図２－５上部は２００５年から２０２１年の各都道府県の人口変化を横軸に、選挙当日投票所数の変化を縦軸に配置した散布図です。人口変化は２０２１年時点と２００５年時点の人口の比率で表していて、１を上回れば人口増加を、下回れば人口減少を意味します。選挙当日投票所数の変化は２０２１年と２００５年の投票所数の差で表しています。図２－５は右肩上がりの関係を示していて、２００５年から２０２１年にかけて人口が減った県ほど選挙当日投票所数も減っていることを示唆しています。ただ県ごとにばらつきもみられて、左上付近に位置する青森県や高知県のように人口はかなり減っているけれども選挙当日投票所数はあまり減っていない地域もあります。図２－５下部は期日前投票所数の変化を使って同様の分析を行っているのですが、人口減少と期日前投票所数の増加には明確な関係を見出すことはできません。

図２－６上部は各都道府県の２０２０年時点の面積を横軸に、選挙当日投票所数の変化を縦軸に配置した散布図です。都道府県の面積はほぼ変動しないので、２００５年と２０２１年時点の面積

図2−5　都道府県の人口の減少と選挙当日投票所数の減少は関連しているが期日前投票所数の増加とは関連していない

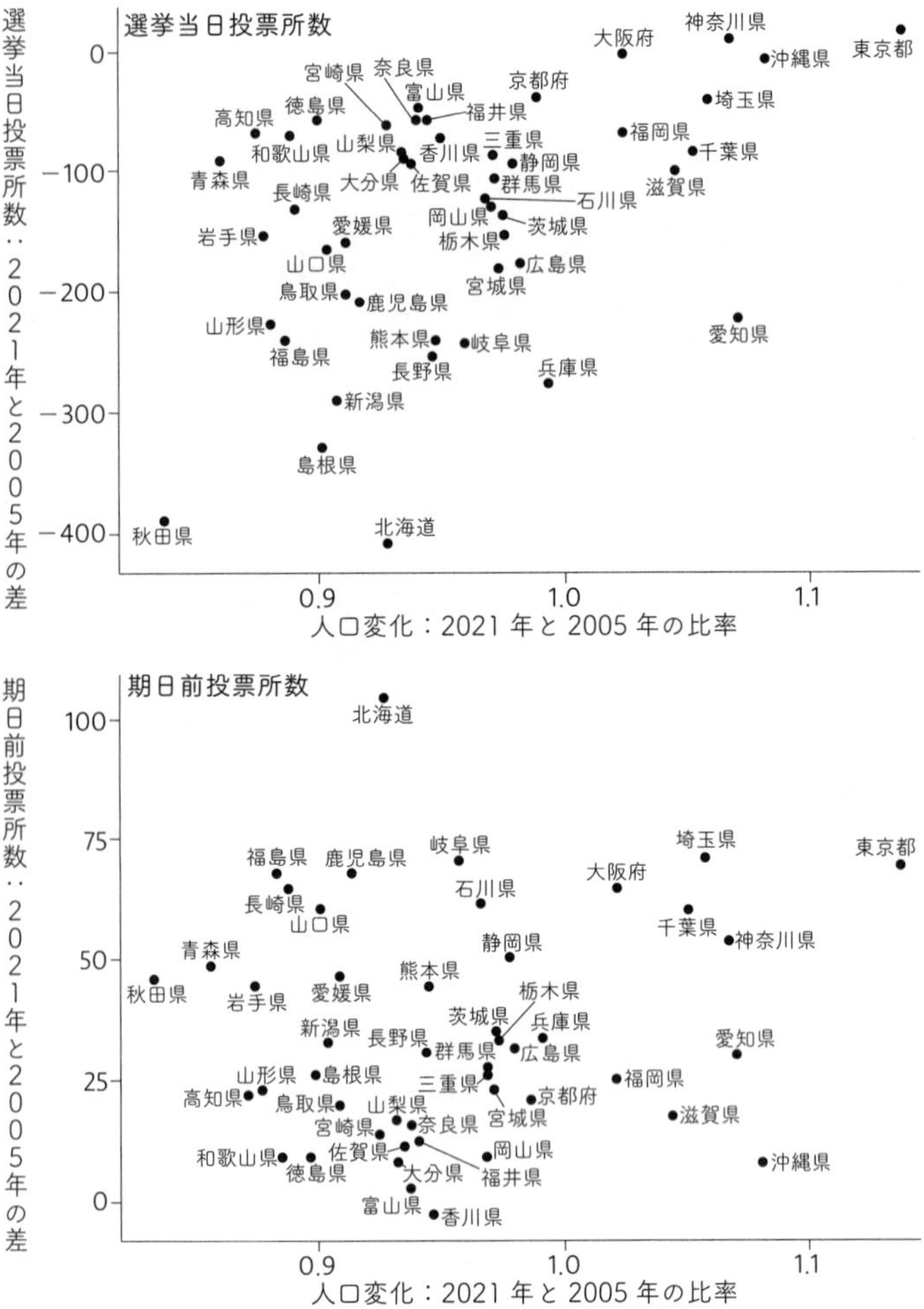

（注）　総務省衆議院議員総選挙結果調と住民基本台帳データにもとづく。

図2－6　都道府県の面積は選挙当日投票所数の減少と期日前投票所数の増加と強く関連している

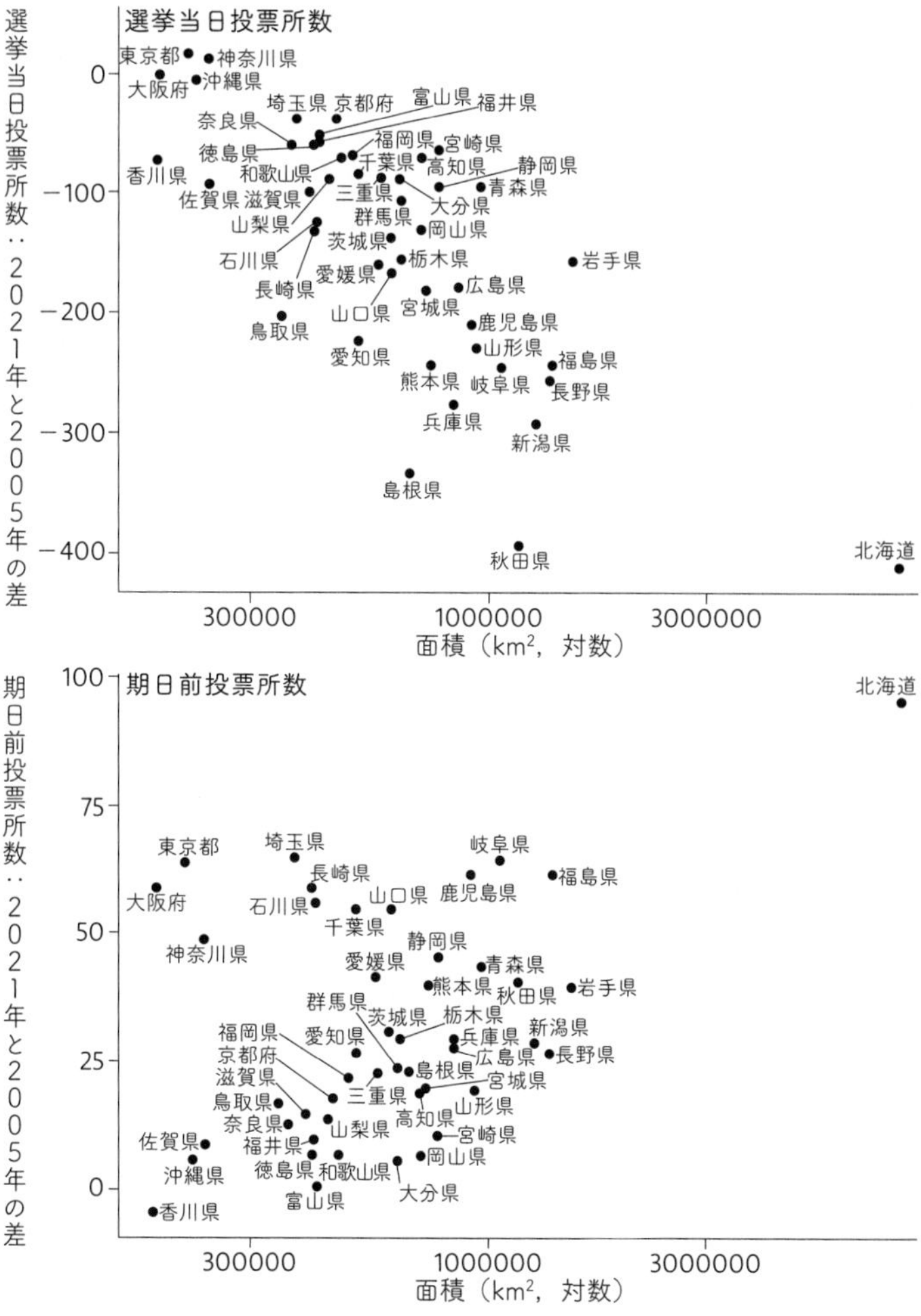

（注）　総務省衆議院議員総選挙結果調と社会・人口体系データにもとづく。

は同じであるとみなしています。都道府県間の面積の大きな違いを考慮して対数にもとづく横軸を利用しています。面積と選挙当日投票所数には非常に明確な右肩下がりの関係がみられます。つまり、面積の大きい県ほど2005年から2021年にかけて選挙当日投票所数が大きく減少しているのです。さらに、図2-6下部は面積が大きい県ほど期日前投票所数が増加していることを示唆しています。

ここでは示しませんが、面積と人口減少は関連していることを踏まえると（つまり面積の大きい県ほど人口減少幅も大きい）、次のようなことが起きていると推測できます。面積の大きい地方の自治体では人口減少が進んでいて、選挙当日に各投票所で投票する有権者数が減っています。広範囲に散らばって設置される投票所を維持するコストを考慮すると、これまでどおりに選挙当日に投票所を維持するのが難しくなっており、投票所の統廃合を進める自治体が増えます。これらの自治体は選挙当日投票所数を減らす代わりに期日前投票所数を増やしています。ただし、期日前投票所数の増加の影響と比べると、選挙当日投票所数の減少が投票率に及ぼす影響のほうが大きいため、選挙当日投票所数が減少している地域では投票の利便性が低下していて投票率も低下している可能性が高いでしょう。

6 まとめ

この章では、日本国内では選挙当日投票所数が減少する一方で期日前投票所数が増加しているという状況に注目してきました。自治体内の選挙当日投票所数が減少することで投票率が下落すること、期日前投票所数が増加することで投票率が上昇すること、選挙当日投票所数減少の負の影響は期日前投票所数増加の正の影響よりも大きいこと、そして面積が大きく人口減少が進む過疎地域では選挙当日投票所数が減少する傾向にあることを明らかにしました。

これまでどおりに選挙当日投票所を設置することで特に過疎地域に居住する有権者の投票の利便性を維持できれば理想的なのですが、これは難しいかもしれません。すべての有権者に十分な投票機会を確保するのは民主社会にとって絶対的な命題なのですが、投票所の設置運営に固定的費用が発生することを考慮すると、利用者の少ない投票所を統廃合することは今後も避けられないでしょう。

期日前投票所数をこれまで以上に増やすことはこの問題の根本的な解決にはなりません。面積の大きい地域で期日前投票所の数を増やしても、移動距離や交通手段の問題が残ると思われるからです。よって、必要なのは発想の転換かもしれません。現状の制度では、投票所に行って投票することが大前提となっています。ただ、投票するという行為そのものは投票用紙さえ手元にあればどこでも可能です。例えば、有権者が郵送を通じて投票用紙を受け取り、それを自ら郵送で送り返すことで投票できるようにすれば、投票所で投票するということが必須ではなくなります。

郵送による投票はすでに他国で利用されている制度です。2020年時点でアメリカのワシントン州、オレゴン州、コロラド州などでは投票所での投票は廃止されていて、各州の全有権者はそれぞれ居住地域の選挙管理機関から投票用紙を受け取り、それを返送することで投票します。投票用紙は（有権者登録済みの）全有権者に自動的に郵送されます。またカリフォルニア州では、投票区内の登録有権者数が250人以下であれば、その投票区を管轄する選挙管理機関は有権者に対して投票所が設置されないことを通知したうえで投票用紙を郵送することができると定められています。この場合、有権者は郵送での投票が唯一の選択肢となります。日本国内でも、身体の障がいなど一定の条件を満たす場合に郵送で投票することが可能です。

投票所外での投票を可能にすれば、自分の投票先を他者に知られないという投票の秘密をどう確保するのか、不正に他者の投票用紙を入手してなりすまして投票するといった投票の不正をどう防ぐのか、郵送での投票と投票所での投票を通じた二重投票をどう防ぐのか、郵送には時間がかかるので到着が遅れた投票用紙をどう扱うかなど、検討すべき課題がいくつも出てきます。これらはすべて重要な課題で完璧な解決策はないかもしれません。ただ、投票所での投票を求めるという現状の制度の維持が難しくなっている以上、公正で公平という条件を納得のできる範囲で満たし、かつ今後も維持可能な投票制度とはどのようなものかを議論すべき段階になっていることは間違いありません。

参考文献

福元健太郎・菊田恭輔「投票所閉鎖時刻繰り上げと投票率・各党得票率の関係」『選挙研究』第37巻1号、47－57頁、２０２１年。

松林哲也「投票環境と投票率」『選挙研究』第32巻1号、47－60頁、２０１６年。

松林哲也「期日前投票制度と投票率」『選挙研究』第33巻2号、58－72頁、２０１７年。

Ritter, Michael and Tolbert, Caroline J., *Accessible Elections: How the States Can Help Americans Vote*, Oxford University Press, 2021.

第3章

「投票日、雨の予報」は投票率に影響する？

――投票期間と投票参加

1　天気も大切

選挙当日に雨が降っているという状況を想像してください。あなたは投票に行きますか？「雨が降ろうが槍が降ろうが投票には行く」という人もいれば、「投票に行こうと思っていたけど、雨に濡れるのは嫌だしやめておこうかな」という人もいるでしょう。前章で注目した投票所までの距離と同様に、選挙当日の悪天候も投票コストとして有権者の投票参加に影響を及ぼす可能性があります。もし「濡れるのが嫌だ、傘をさしてまで投票所に行きたくない」という有権者が多ければ、選挙当日に雨が降ると投票率が下がるはずです。

選挙当日の天候が特に悪かったのが2017年10月22日に実施された衆院選です。この選挙は偶然にも選挙当日に台風が近づいてくるという異例の状況のなかで実施されました。この台風が静岡県に上陸したのは23日未明だったのですが、選挙当日の22日には特に関西から東海地方にかけて暴風雨をもたらしました。記録的な雨量に見舞われた自治体もあったほどです。日本全国の有権者が台風の影響を受けたわけではないのですが、関西地方や東海地方の有権者は暴風雨を目にしながら投票に行くかどうかを考えたはずです。もし暴風雨によって投票に行くコストが高まるのであれば、関西地方や東海地方の投票率は下がったと考えられます。これらは人口の多い地域なので、日本全体の投票率も下がったという推測ができるのです。

実際は、このような直感と矛盾する結果となりました。直近の衆院選と比べて、2017年衆院選の投票率は減少するのではなく少し上昇するという結果となったのです。第1章の図1－1に示された衆院選の投票率の推移をみると、2012年は59％、2014年は53％、2017年は54％、そして2021年は56％でした。2012年、2014年、2021年の衆院選でも天気が悪かった地域はあったのですが、2017年の台風による暴風雨ほどの影響を受けたということはありませんでした。では台風による暴風雨の影響を受けた地域がいくつもあったにもかかわらず、2017年の衆院選ではなぜ投票率があまり下がらなかったのでしょうか。

この疑問に答えるために、この章では有権者の投票参加のタイミングに関する意思決定メカニズムを検討します。具体的には、「いつ投票に行くのか、あるいは行かないのか」という意思決定を考えます。選挙当日の場合、大雑把にいって有権者は午前中に投票に行く、午後に行く、あるいは行かないという選択肢を持っています。期日前投票制度の導入以降は、期日前投票期間中に投票に行く、選挙当日に行く、行かないという決定も下せるようになりました。投票に行くタイミングを選べるような状況では、有権者はどの時点で自分にとっての投票コストが低くなるかを考慮するでしょう。2017年の場合、選挙当日の午後以降に台風による暴風雨の影響が強まることが事前にわかっていたので、多くの有権者がそれを避けるために選挙当日の午前中に投票に行ったり、期日前投票期間中に投票に行ったりしたと考えられます。つまり、投票タイミングが前倒しになり、前もって投票した有権者が増えたため、台風による悪天候にもかかわらず結果として投票率が下がらなかったと考えられるのです。

次節では投票タイミングに関する有権者の意思決定メカニズムをより詳しく論じます。第3節では2014年衆院選との比較を通じて、2017年衆院選での全国の天候状況をみてみます。第4節では選挙当日（特に午後）に悪天候になった地域においては前もって投票する有権者が増えたことを明らかにします。第5節では、期日前投票制度やその他導入可能な投票制度を顧慮しながら、有権者が投票するタイミングを選べることの重要性を指摘します。

2　前もって投票する？

誰もがなにか大切なことを前もってやっておいたという経験があるはずです。明日は一日仕事で出かけるから今日中に家の掃除を済ませておこう、来週はバイトやサークルでずっと忙しいから今週中に課題を済ませておこう、今晩は帰宅が遅くなりそうだから先に夕食を作っておこう、といった経験です。

投票の場合でも前もって行動することが可能です。というのも、投票できる期間が幅を持って設定されているため、いつ投票に行くかどうかを自由に決められるからです。では、わたしたちはいつ投票するかをどうやって決めているのでしょうか。コインを投げて表が出たら午前に行く、裏が出たら午後に行くといった決め方をしている人がたくさんいるとは考えられません。投票のタイミングを左右するなんらかのロジックがあるはずです。このロジックを使えば、どのような条件のもとで前もって投票に行くかがわかるでしょう。

タイミングを左右するロジックとして注目するのが、投票から生じるコストです。第1章で紹介したように、わたしたちは投票から得られるベネフィットと投票に行くことで生じるコストを比較したうえで投票に行くかどうかを決めます。もしベネフィットがコストを上回れば投票に行く、逆にコストがベネフィットを上回れば投票に行かないという決断を下します。

選挙期間中に投票のタイミングを自由に選べるような状況では、ベネフィットとコストを比較するという作業が何度か発生すると考えられます。ここでは、選挙期間中に投票のタイミングが2回設定されているとして議論を進めます。その過程を図3－1にまとめました。2回のタイミングを前半と後半と呼びます。前半に投票すればそれで終わりです。前半に投票しない場合は、後半にもう一度投票に行くかどうかを決めます。

前半と後半は選挙当日の午前か午後、あるいは期日前投票期間中か選挙当日を意味するとします。表3－1に前半と後半の意味を整理しました。ここでは、前半・後半で投票から生じるベネフィットはほとんど変化しない、でもコストは異なるという状況を想定します。投票することで得られる満足感や政党・候補者を支持する気持ちが短時間で突然に大きく変化することはないと考えられるので、ベネフィットが変化しないという想定は現実的です。一方で、コストは大きく変化する可能性が十分にあります。選挙当日の午前は晴天で投票コストが低く、選挙当日の午後は雨が強くてコストが高いという状況です。あるいは期日前投票期間中の平日は用事があまりないけれど、日曜日はずっと予定が詰まっているという状況も当ては

図3－1　投票についての意思決定のタイミングが2回ある

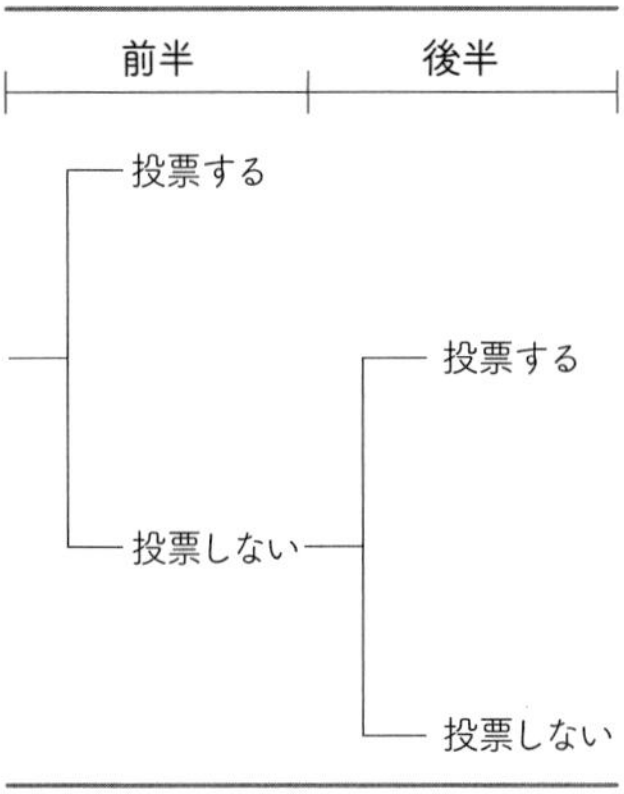

表3−1　投票のタイミング

	前半	後半
選挙当日	午前（第4節の実証分析では7時から11時まで）	午後（第4節の実証分析では11時から20時まで）
選挙期間全体	期日前投票期間（第4節の実証分析では最終4日間）	選挙当日

まります。

前半と後半それぞれのタイミングで、投票のベネフィットとコストを比較して投票に行くかどうかを決めるとしましょう。後半での比較は単純です。前半で投票しなかった人たちは後半時点で直面するベネフィットとコストと比べて、ベネフィットのほうが大きければ行く、コストのほうが大きければ行かないという決断を下します。後半のタイミングで投票しなければ、それは棄権することを意味します。

前半での比較は少し複雑です。前半の段階では、後半時点で投票に行くという選択肢が残されています。つまり、前半に行く、あるいは後半になるまで決めるのを待つという2つの選択肢を持っているのです。後半のことを見据えて前半の決断を下す場合、前半時点でのベネフィットとコストの差が後半時点でのベネフィットとコストの差を上回るのであれば、前半に投票に行くという決断を下します。ただし、後半時点では何が起きるかまだはっきりわからないので、より正確には前半時点でのベネフィットとコストの差が後半時点でのベネフィットとコストについての予測差を上回るのであれば、前半に投票に行きます。

ただ、ベネフィットは前後半で大きく変わらないという想定をするのであれば、実質的に比較するのは前半と後半の投票コストの違いです。前半のコストを一定とした場合、後半の（予測）コストが大きくなるほど前半に投票する気持ちになります。つまり、前もって投票しておく気持ちになるのです。例えば、冒頭で説明したように、2017年衆院選では一部地域で選挙当日の午後（つまり後半）に台風による暴風雨が強まることが予想されていました。当日午前（つまり前半）の天気は悪くなかったのであれば、その地域の有権者の多くは前もって投票することを選んだかもしれません。あるいは期日前投票期間中（前半）の天気が悪くなかった場合には、選挙当日（後半）を避けて期日前投票に出かけると推測できます。

もし前もって投票する人たちがたくさんいるのであれば、選挙当日にコストが大きくなっても、つまりたとえ台風が来ても投票率が下がらないという可能性が生じます。後半時点で投票するかどうかを決める人たちもいるので、この人たちがまったく投票できないような状況（つまりコストが非常に高い状況）にならない限り、後半時点でのコストが大きくなっても投票率が下がらないという可能性は維持されます。

これはとても大切な意味を持ちます。通常の考え方では、投票のコストがベネフィットを上回れば投票しません。コストが大きくなるほど、投票に行く可能性が小さくなると予測できます。ところが、前もって投票するという選択肢がある場合、この予測が成り立たなくなるのです。前半後半を通じて天気が良い状況と、前半は天気が良くて後半は天気が悪い状況を考えましょう。このとき、前半後半を通じた投票の総コストは後者のほうが大きいわけです。それにもかかわらず、前者と後者の状況で投票率があまり変わらないという可能性があるのです。つまり、前もって投票できるという制度設計をしておくことで、投票機会をしっかり提供できていることになります。

ここまでの議論では、わたしたちは後半時点で何が起きるかを考慮して前半時点での意思決定をするという前提を置いてきました。これには反論があるかもしれません。未来のことなど考えず投票に行くかどうかを決めていることもありえます。つまり、後半時点のベネフィットとコストの予測差は一切考慮せず、前半時点でのベネフィットとコストの差のみを考慮して投票に行くかどうかを決めるのです。この場合、いくら前もって投票できるという制度を用意しておいてもあまり意味がありません。前半後半を通じて天気が良い状況と、前半は天気が良くて後半は天気が悪い状況を比べると、後者の状況で投票率が低くなります。

では、後半時点のコストを考慮して前もって投票するという人たちは本当に存在するのでしょうか。前もって投票するということが本当に２０１７年衆院選で投票率が下がらなかったことにつながったのでしょうか。以下の節ではこれらの疑問に答えるためにデータを使った分析を行います。

3　2017年衆院選と台風21号

２０１７年の衆院選時の台風は投票日の約１週間前である10月16日に赤道付近で発生し、徐々に日本列島に近づいてきました。選挙当日前日の21日から投票日の22日にかけて日本の本州の南を北

図3－2　2017年衆院選当日は午前よりも午後の降雨量が多かった

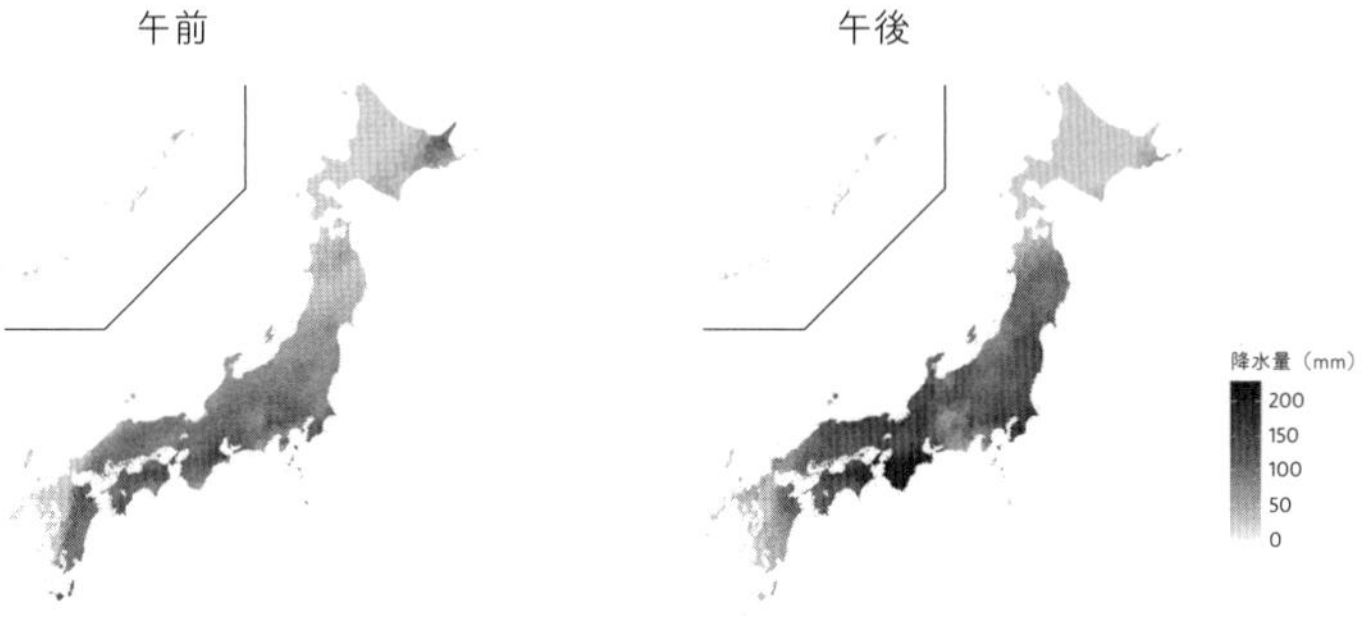

（注）　Kitamura and Matsubayashi（2022）からのデータにもとづく。

上したため、関西や東海地方を中心として暴風雨の影響を受けることとなったのです。特に選挙当日午後から夜にかけて影響が大きくなりました。

これを図3－2で確認します。この図では選挙当日22日の午前（7：00から11：59まで）と午後（12：00から19：59まで）の総降雨量を全国の市区町村別にまとめています。色が濃くなるほど、雨量が多かったことを意味しています。左図をみると午前中から雨が降っていたことがわかるのですが、右図と比べると雨脚が強まったのが午後であることが示されています。午後に特に降雨量が多かったのが関西地方です。第2節の議論にもとづくと、前半を意味する午前には雨量が少なく、後半を意味する午後に特に関西地方で雨量が大きく増加したことがわかるのです。

図3－3は2017年の衆院選の期日前投票期間の最終4日間（10月18日から10月21日まで）の1日あたり平均総雨量と投票日10月22日の総雨量を比べています。期日前投票期間については9時から20時まで、投票日は7時から20時

図３－３　2017年衆院選は期日前投票期間よりも選挙当日の降雨量が多かった

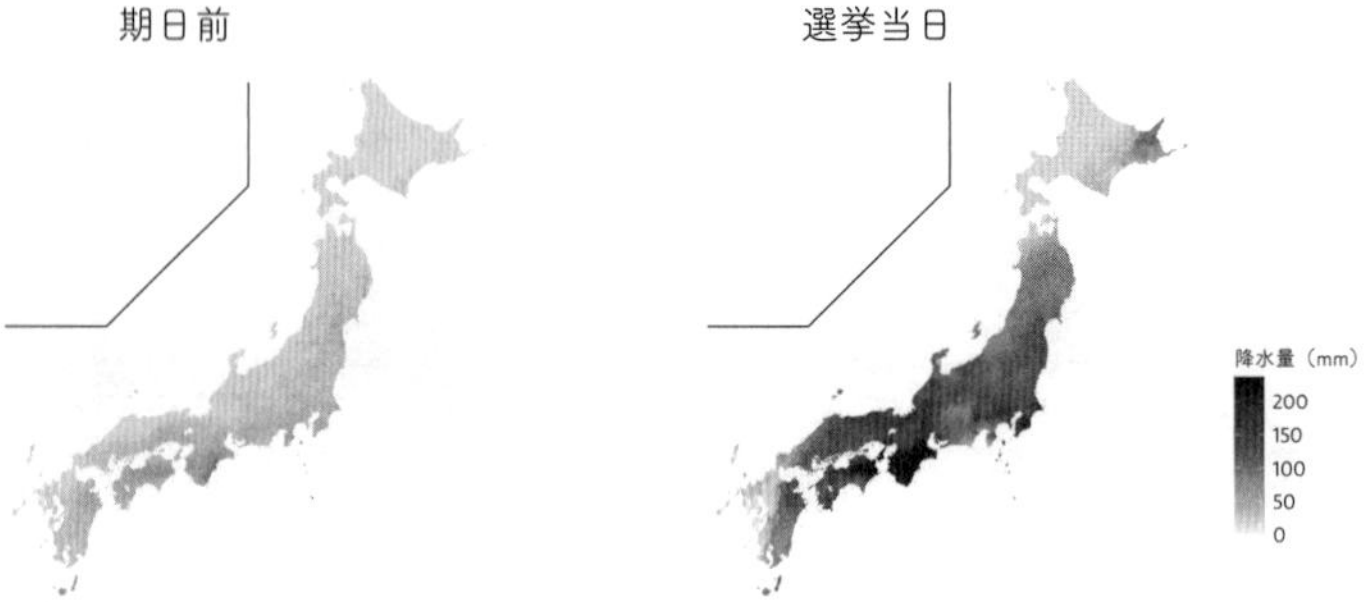

（注）　Kitamura and Matsubayashi（2022）からのデータにもとづく。

までの時間別雨量を合計しました。図３－２と同じく、色が濃くなると雨量が多くなります。左図をみると、期日前投票期間の最終４日間には全国的に雨がそれほど降らなかったことがわかります。一方で、右図によると中国四国から関東にかけて色が濃くなっていて、これらの地域では台風の影響が大きかったことを示しています。再び前節の議論にもとづくと、前半を意味する期日前投票期間中は雨量が少なく、後半を意味する選挙当日に特に中国四国から関東にかけて雨量が大きく増加したのです。

　そこで、２０１７年の台風による実際の降雨量を使って、２つの仮説を導きます。１つ目は、選挙当日の午前と比べて午後に降雨量が多かった地域では前もって午前中に投票する人が増えたという仮説です。これを**午前集中仮説**と呼びます。２つ目は、期日前投票期間最終４日間と比べて選挙当日に降雨量が多かった地域では期日前投票期間中に前もって投票する人が増えたという仮説です。これを**期日前投票期間集中仮説**と呼びます。本当は各地域の選挙当日の予測降雨量の情報を使うのが理想的なのですが、残念ながらそのような情報は存在しません。よって、ここでは予測された降雨量と実際の降雨量が近似していたとみなして、実際の降雨量が予測されたコストを反映していたと想定します。台風21号の進路や勢力に関する予報はかなり正確であったことが確認できるので、この想定は現実的だといえます。

4　2つの仮説の検証

まず午前集中仮説が実際のデータと整合的かどうかをみてみます。利用するデータは自治体別の降雨量と投票率です。降雨量は気象庁から、投票率は各都道府県の選挙管理委員会から入手しました。2017年の衆院選のデータのみで分析を進めることもできるのですが、後述するようにそのデータだけでは厳密な分析ができません。そこで、2014年衆院選の自治体別降雨量と投票率を使い、それらを比較対象として、2017年に何が起きたのかを明らかにします。

午前集中仮説は、選挙当日の午前（つまり前半）と比べて午後（つまり後半）に降雨量が多かった地域では前もって投票する人が増えたと述べています。これは午後に降雨量が多かった地域では午前の投票率が増えたと読み替えることができます。選挙当日には時間別投票率が集計されるので、それを利用して午前投票率を求めました。午前は7時から11時までとします。午前は11時59分までと定義したかったのですが、データの都合上11時までとしました。各自治体を単位として、午前に投票した人数を分子、自治体の有権者数を分母として午前投票率を求めました。

降雨量も選挙当日の時間別データを使います。午前投票率と同じ定義を用いて、前半である午前は7時から11時とします。後半である午後は11時から18時までと定義しました。これら2つの時間帯の降雨量を使って、

午後の降雨量－午前の降雨量

を求めます。この差は、午前と比べて午後に降雨量がどれだけ増えたのかを表しています。差がより大きな値を取るほど午前と比べて午後のコストが大きいということを意味するので、前もって投票する人が増えると考えられます。逆に、この差の値が小さくなるほど（場合によっては負の値をとるときには）、午前と比べて午後のコストは大きくありません。よって、前もって投票する人はとりたてて増えないでしょう。図3－2では選挙当日の午前と午後の総降雨量を自治体別に示しましたが、地図上の自治体別に右図と左図の降雨量の差を求めたと理解してください。

2017年衆院選のデータを使って午後と午前の降雨量差が大きい自治体ほど午前投票率が高かったかどうかをみることは可能ですが、この方法には問題があります。というのも、この分析では普段から午前投票率が高かった自治体がたまたま台風の影響を強く受けたという可能性を排除できないからです。この場合、午後と午前の降雨量差と午前投票率に関係がみられたとしても、それは

偶然に発生したみせかけの関係だということになってしまいます。

この可能性を排除するために、２０１４年衆院選の降雨量と午前投票率を利用します。それぞれについて、

２０１７年午前投票率－２０１４年午前投票率

２０１７年午後午前の降雨量差－２０１４年午後午前の降雨量差

を計算します。２０１４年の午前投票率を普段の午前投票率だとみなします。それと２０１７年の午前投票率の差をとることで、普段の午前投票率からの乖離を求めるわけです。２０１４年と比べて、２０１７年に午後午前の降雨量差が大きい自治体ほど、午前投票率の乖離が大きいかどうかを明らかにします。こうすることで、２０１４年と比べて２０１７年に台風の影響でたまたま午後の投票コストが上がった自治体では午前投票率が増えた、つまり前もって投票した人が増えたということを示すのです。ちなみに、２０１４年衆院選では天候の悪かった地域はあまりありませんでした。つまり、多くの自治体で２０１４年午後午前の降雨量差はゼロかそれに近い値をとるということです。

図３－４は（２０１７年午後午前の降雨量差－２０１４年午後午前の降雨量差）を横軸に、（２０１７年午前投票率－２０１４年午前投票率）を縦軸に配置した散布図です。データを入手できたのが９４５自治体なので、それらの自治体を点として示しています。２０１４年と比べて、２０１

図3−4　選挙当日午前と比べて午後の降雨量が多いと選挙当日午前の投票率が高くなる（2017年と2014年の衆院選の比較にもとづく）

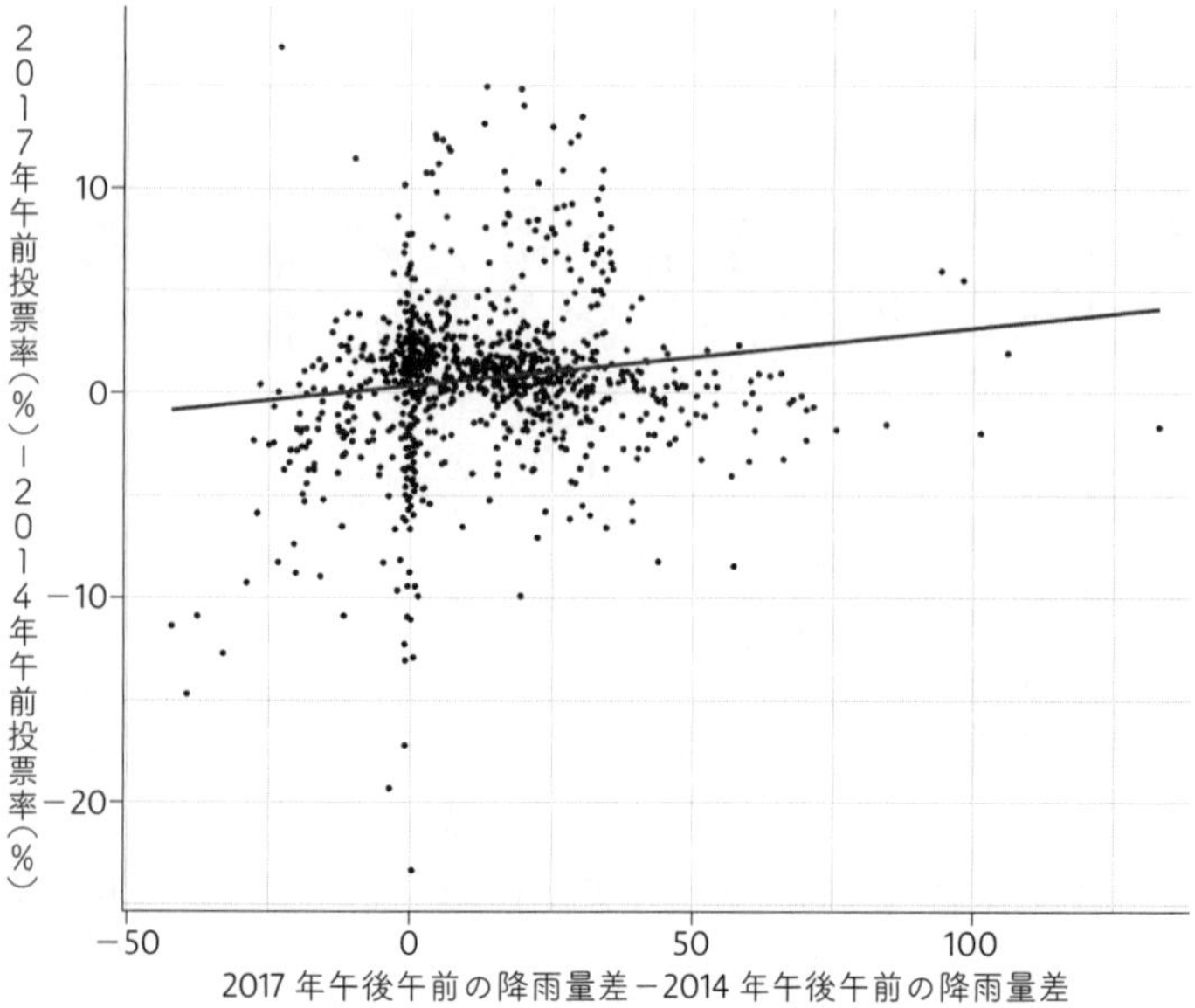

（注）Kitamura and Matsubayashi（2022）からのデータにもとづく。

7年で午後午前の降雨量差が大きくなるほど午前投票率が上がっているという傾向がみられます。図中の直線は回帰直線を意味していて、午後午前の降雨量差が1㎜増えると午前投票率が0・03％ポイント増えると示しています。なお、技術的な話になりますが、この関係は統計的に有意に0と異なります。まとめると、これらの結果は前節の午前集中仮説と整合的です。

　続いて、期日前投票期間集中仮説がデータと整合的かを確認します。この予測は、期日前投票期間（前半）と比べて選挙当日（後半）に降雨量が多かった自治体では期日前投票期間中の投票率が上がったと述べています。期日前投票期間中の投票率は、自治体内でその期間に投票した人の数を分子に、自治体内の有権者数を分母として求めました。降雨量は日別データを利用して期日前投票期間最後の4日間の9時から20時までの総雨量を求め、それを4で割って1日あたり降雨量を計算しました。選挙当日の降雨量は7時から20時までの降雨量です。

前節と同じく、2014年衆院選のデータを用いてみせかけの関係の可能性を排除します。2014年の期日前投票期間投票率を普段の期日前投票期間投票率であるとみなし2017年の期日前投票率との差をとることで、普段からの乖離を求めるのです。2017年に台風の影響でたまたま選挙当日に投票コストが増えた自治体では、期日前投票期間投票率が普段よりも上がったということを示します。具体的には、

2017年期日前期間投票率－2014年期日前期間投票率
2017年選挙当日と期日前期間の降雨量差
－2014年選挙当日と期日前期間の降雨量差

を計算しました。

図3－5は（2017年選挙当日と期日前期間の降雨量差－2014年選挙当日と期日前期間の降雨量差）を横軸に、（2017年期日前投票率－2014年期日前投票率）を縦軸に配置した散

図３－５　期日前投票期間と比べて選挙当日の降雨量が多いと期日前投票率が高くなる（2017 年と 2014 年の衆院選の比較にもとづく）

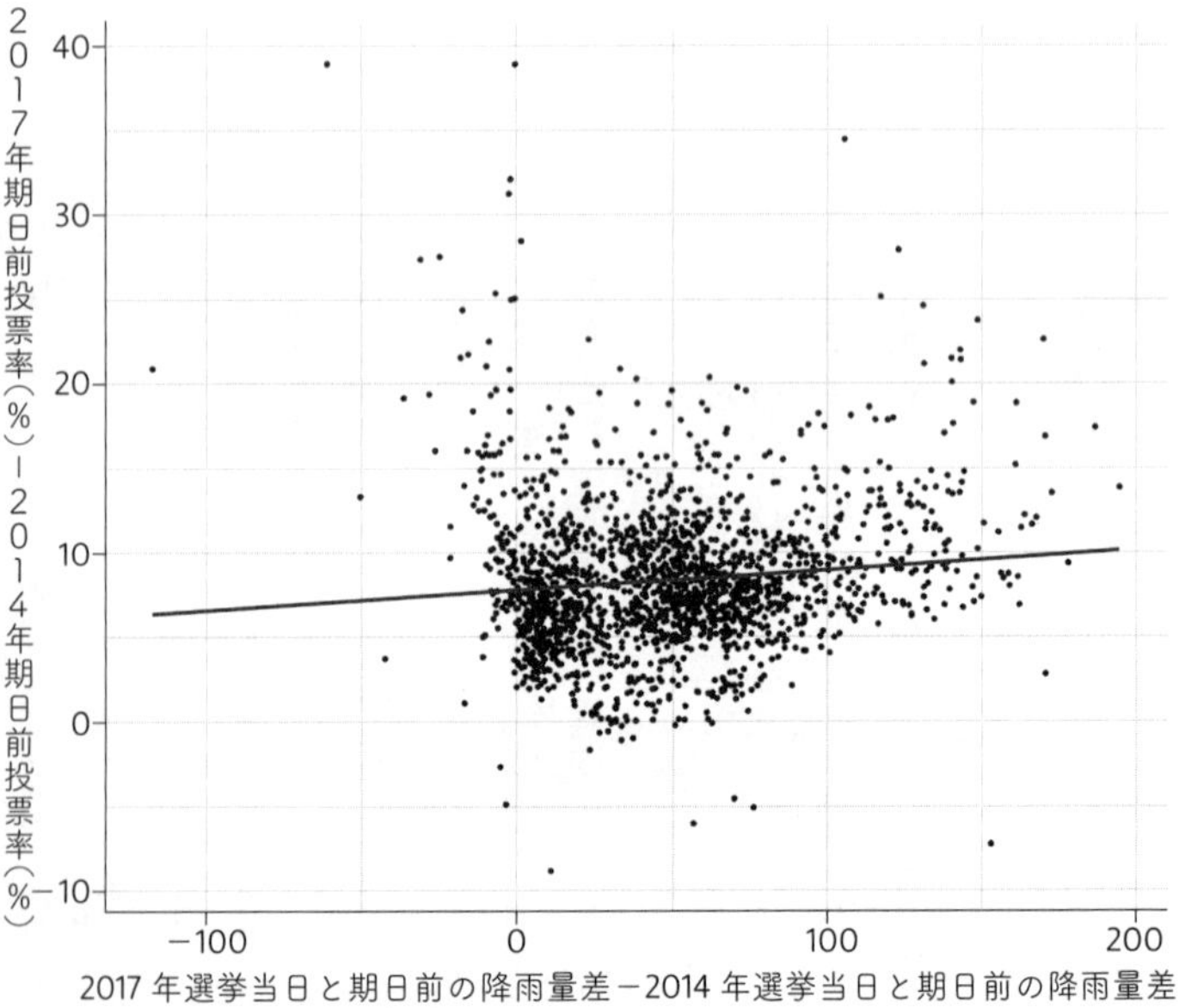

（注）　Kitamura and Matsubayashi（2022）からのデータにもとづく。

布図です。図３－４と同様に、各点は自治体を表しています。全国ほぼすべての自治体からのデータを入手できたので、１８９０の自治体が点として示されています。２０１４年と比べて、２０１７年では選挙当日と期日前期間の降雨量差が大きくなるほど期日前投票率が増えたという傾向がみられます。図中の回帰直線によると、降雨量差が１㎜増えると期日前投票率が０・０１％ポイント増えると示されています。この関係は統計的に有意に０と異なります。期日前投票期間集中仮説と整合的な分析結果です。

5　台風でも投票率が下がらなかった理由

最後に、2017年衆院選では台風の影響があったにもかかわらず投票率が下がらなかったのは前もって投票した人が多かったからだという説明が妥当かどうかをデータで確認してみましょう。前半時点（つまり期日前投票期間や選挙当日午前中）で後半時点の台風の影響があまり大きくならないと予想する場合には、後半時点まで投票するのを待ってしまい結果的に棄権してしまうかもしれません。後半時点で予想される台風の影響が大きくなるにつれて、前もって投票に行く理由が生まれます。このとき台風が来ていれば投票に行かなかった人たちの投票タイミングが前倒しされることで、結果的に投票率が下落しないという結果になるでしょう。

この予測を実際に検討してみます。選挙当日の降雨量を後半時点でのコストとみなします。図3‐6ではそれを横軸に配置し、縦軸には期日前投票率と選挙当日投票率を足し合わせた総投票率を配置しました。前節の分析と同様に、降雨量と投票率はそれぞれ2017年と2014年衆院選の差を使っています。まず図3‐6の左側、つまり降雨量が0から150㎜までの範囲をみてください。2014年と比べて、2017年に選挙当日の降雨量が増加した自治体では、総投票率が低下する傾向がみえます。コストがあまり大きくないと予想された場合、選挙当日まで待ってしまい、

図３－６　選挙当日の降雨量が増えても総投票率（期日前投票率と選挙当日投票率の合計）は下がらない（2017 年と 2014 年の比較にもとづく）

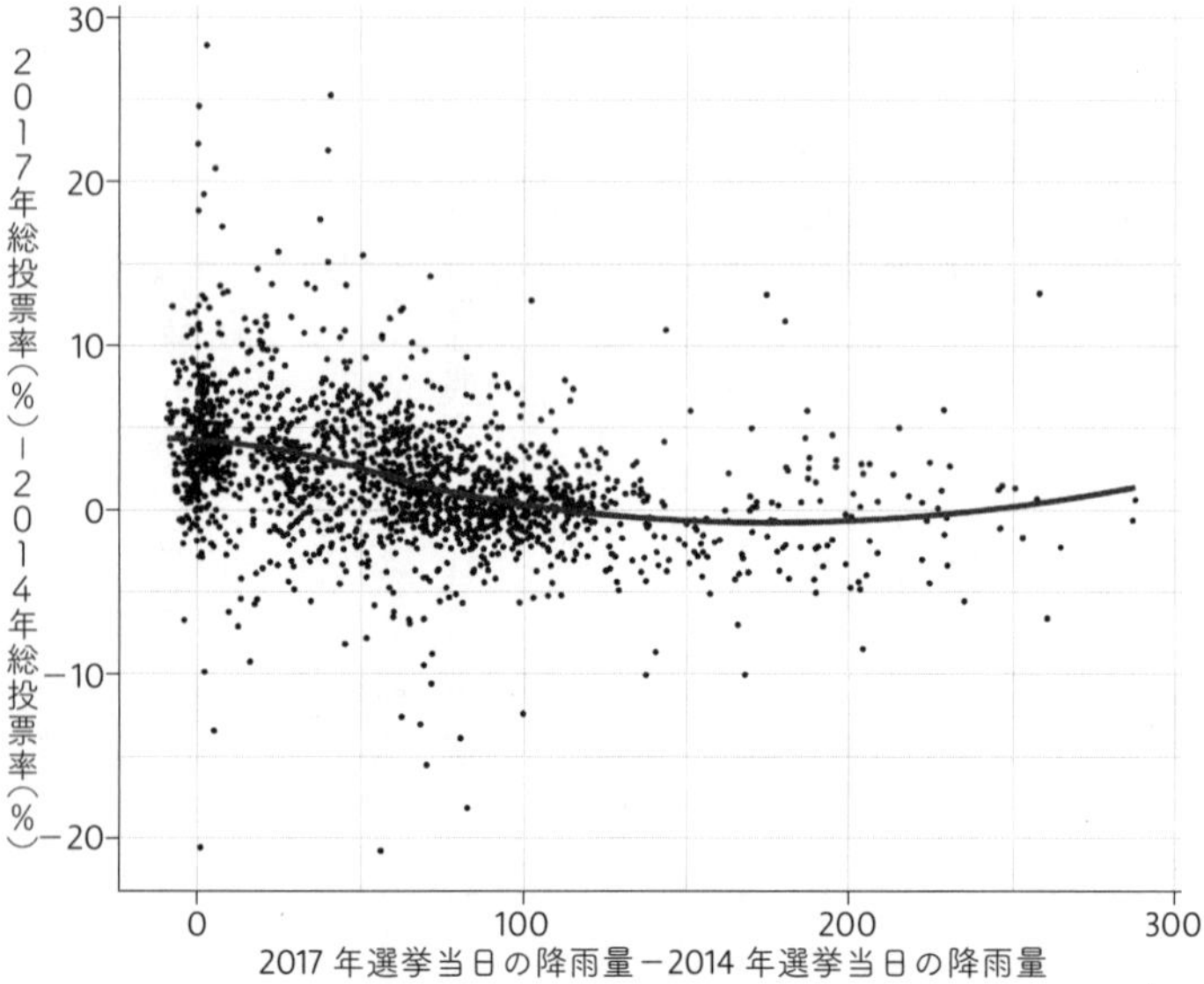

（注）　Kitamura and Matsubayashi（2022）からのデータにもとづく。

結果として選挙当日の雨のために棄権していると解釈できます。次に降雨量１５０㎜以上の範囲をみると、異なるパターンが生じています。降雨量が増加しても、投票率が下がりません。前節の分析結果と合わせると、コストが大きいと予想された自治体では投票タイミングの前倒しが起きたため、結果として投票率が下がらなかったということが示唆されます。

実際、２０１７年衆院選では全国の期日前投票率が大きく増えています。図３－７によると、期日前投票率は２０

図3－7　2014年と比べると2017年には期日前投票率が増えて選挙当日投票率が下がった

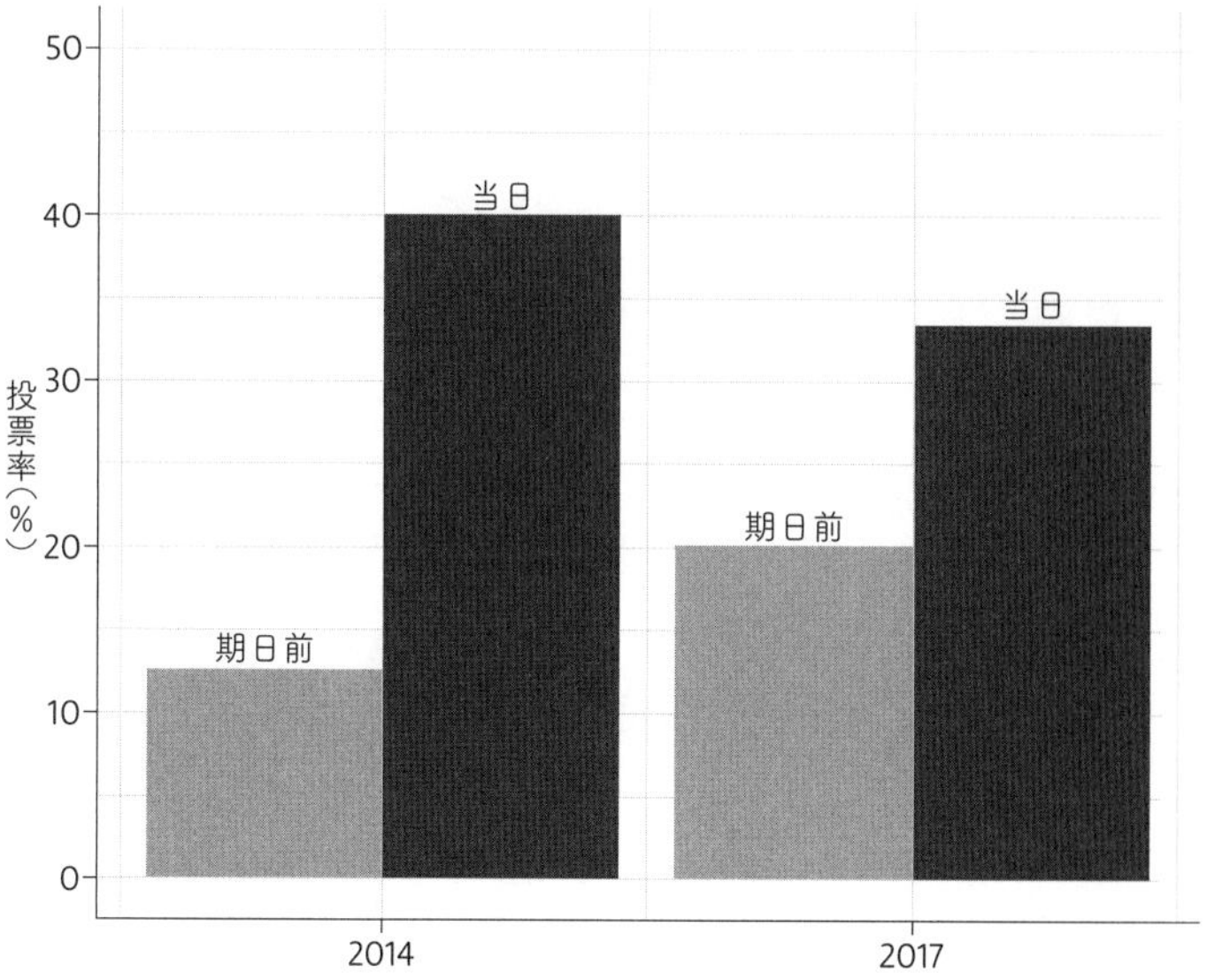

（注）　総務省衆議院議員総選挙結果調にもとづく。

１４年で13％、２０１７年で20％と７％ポイントも増えています。選挙当日の投票率は２０１４年で40％、２０１７年で34％なので台風の影響で減っています。台風の進路や天気予報をみて、特に影響の大きいと予想された地域の多くの有権者が前もって投票に行ったのです。期日前投票率の増加と選挙当日投票率の下落が同じ程度だったので、結果として２０１７年の総投票率が低下しなかったのです。

6　まとめ

この章では２０１７年衆院選に注目して、台風の影響があったにもかかわらずなぜ投票率が下がらなかったのかを探ってきました。その理由として注目してきたのが、前もって投票するという可能性です。投票期間が2つあるときに、後半時点でのコストが大きくなりそうだと予想される場合に前半時点で投票を済ませてしまうという行動を促すと論じました。２０１７年の選挙当日の午前投票率や期日前投票期間投票率を使った分析から、前もって投票するという行動を確認できました。これが２０１７年の投票率が下がらなかった大きな理由だったと考えられます。

この章では分析結果を示していませんが、前もって投票するという傾向は特に65歳以上人口の多い自治体で顕著です。高齢者はもともと投票率が高いので（第1章を参照）、普段から投票する人ほど未来のコストを考慮したうえで前もって投票しているのかもしれません。一方で、普段からあまり投票しない人たち、例えば若い有権者は未来のことは考慮せずその場その場で投票に行くかを決めている可能性があります。もしかしたら面倒くさいなと思って先延ばしして、結果的に棄権しているということも考えられます。

これらの分析結果や議論は制度設計に重要な示唆を与えます。１つは投票期間に幅を持たせることの大切さです。この章では台風というかなり特別な事例を取り扱いましたが、例えば春や秋など行楽に適した時期に選挙が実施されるのであれば、選挙当日の日曜日に投票に行くコスト（つまり機会コスト）は多くの人にとって高くなるでしょう。この人たちにとって、期日前投票期間が十分な長さで設定されていて期日前投票所が便利な場所にあれば前もって投票する確率が高まります。

ただ、投票期間に幅があっても、それを利用するのは普段から投票する人たちだけであれば、投票率の維持には役立ちますが向上にはつながりません。投票率の高くない若い人たちにとっては、投票タイミングを選べることはそれほど重要ではないかもしれません。投票する習慣がなく、また投票することをそれほど重視していないのであれば、自分の週末の予定を考えて投票タイミングを選ぶとは考えにくいです。むしろ、どんなタイミングであれ思い立ったらぱっと投票できるような制度のほうが投票の促進には効果的かもしれません。コラム③-1ではそのような制度の1つとしてインターネット投票を紹介します。

コラム③-1　インターネット投票の可能性

投票期間中であればどんなタイミングでも投票できる方法としては、投票所外での投票が考えられます。その方法の1つが第2章で紹介した郵送投票で、もう1つがインターネット投票です。インターネット投票の導入については国内でも検討が進んでいて、2020年には海外在住邦人の在外投票を念頭に置いた実証実験が実施されました。世界ではインターネット投票を（試験的に）導入している国がいくつもあります。例えばエストニアでは、2005年から全有権者がインターネットでも投票できるようになりました。スイスやカナダでも一部地域ではインターネット投票のできる選挙が実施されています。

インターネット投票が導入されると、投票所に行くという移動のコストがなくなります。しかも、設定された投票期間内であれば思い立ったときに票を投じることが可能です。投票する段階で政党や候補者について情報を収集することもできます。現在ではほぼ誰もがインターネットにアクセスできるようになっているので、投票コストを下げ低投票率を改善する有望な方法だとみなされています。ただカナダやスイスを対象とした研究では、インターネット投票による投票率の大きな向上はみられないという分析結果が提示されています。

インターネット投票の導入にはハードルがいくつもあります。本人が投票しているかの確認の実現、二重で投票することの防止、投票先を誰にも知られない秘密投票の確立、投票記録の安全な保管や集計方法の確立、有権者のインターネット投票システムに対する信頼性の確保などが挙げられます。これらのハードルを越えてインターネット投票が実現すれば、現行の投票制度のもとでは投票するのが難しい人たちの投票参加が促される可能性があります。

参考文献

Gomez, B. T., Hansford, T. G. and Krause, G. A., “The Republicans Should Pray for Rain: Weather, Turnout, and

Voting in U.S. Presidential Elections," *Journal of Politics*, 69, 649–663, 2007.

Goodman, N. and Stokes, L. C., "Reducing the Cost of Voting: An Evaluation of Internet Voting's Effect on Turnout," *British Journal of Political Science*, 50, 1155–1167, 2020.

Kitamura, S. and Matsubayashi, T., "Now or Later?: The Inter-temporal Decision-Making of Electoral Participation," *Political Behavior*, 1–27, 2022.

第4章 投票啓発活動は投票率向上に効果的？
——社会規範と投票参加

1　だから、私は投票する。

投票を呼びかけるポスターや広告をみたことはありますか？　2021年10月に実施された衆議院議員総選挙の際には、総務省は2名の著名人を起用し、「だから、私は投票する。」というキャッチコピーを用いて投票への参加を呼びかけるポスターや広告を作成しました。それらは全国の自治体や大学などに配布されており、さまざまな場所で掲示されました。同じ内容の広告が新聞やウェブページに掲載されたり、セリフつきの動画がインターネット上で配信されたりしたので、そちらを目にした人もいるかもしれません。この衆院選では、自治体も投票を呼びかける独自のメッセージや広告を発信しています。また、参院選や地方選挙でも同様の投票呼びかけメッセージが配信されてきました。

では、投票を呼びかけるこのようなメッセージを発信することで、投票率は向上するのでしょうか。この問いは2つの理由で重要です。1つは、近年の国政選挙や地方選挙で低投票率が常態化していることです。投票を呼びかけるポスターの発信が投票率の向上につながることがわかれば、今後も似たような活動を行うことで低投票率の改善が可能になるかもしれません。一方で、もし投票率向上という結果が確認できないのであれば、ポスターの内容を変更したり、まったく別の発信方法を考えたりする必要が生じます。

もう1つは、コストという視点です。当然のことですが、著名人を起用したポスターを作成し発信するには多大な人的・金銭的コストがかかっています。日本の民主主義のために投票率向上は絶対に達成しないといけないという立場をとるのであれば、いくらコストをかけてでもいろいろな活動を実施していくべきだと主張することは可能かもしれません。しかし、このような極端な立場をとるにしても、どのようなメッセージの内容や発信方法がより効果的なのかを理解しておくことは無駄にならないでしょう。

そこで、この章では投票を呼びかけるメッセージ配信の効果を検証してみます。筆者は、2021年衆院選で新しく投票する権利を得た新有権者を対象とした投票啓発活動のフィールド実験を独自に実施しました。投票率向上につながると思われるメッセージを送付する新有権者と、そのようなメッセージを送付しない新有権者という2つのグループを作り出し、選挙後にこれら2つのグループの投票率が異なるかを調べたのです。もしメッセージに投票率向上効果があったのであれば、投票を呼びかけるメッセージを送付した新有権者の投票率のほうが高くなるという結果が得られるはずです。

次節では国や自治体による投票呼びかけの制度的背景をまとめます。第3節ではフィールド実験の特徴を説明し、第4節では筆者が実際に行ったフィールド実験の概略と分析結果をまとめます。

2　選挙と投票啓発活動

総務省が衆院選の際に投票を呼びかけるポスターを作成して配布するのには理由があります。それは公職選挙法の第6条1項で、国や自治体は「選挙が公明かつ適正に行われるように、常にあらゆる機会を通じて選挙人の政治常識の向上に努め」なければならないこと、そして「特に選挙に際しては投票の方法、選挙違反その他選挙に関し必要と認める事項を選挙人に周知させなければならない」ことが定められているからです。前者の条文では国や自治体は選挙についての常時啓発を行う義務があると定められており、後者の条文では国や自治体が選挙の実施前に臨時啓発を行う義務があると定められています。

常時啓発は、選挙の実施のタイミングとは関係なく普段から行う活動のことです。例えば、大阪府豊中市は18歳になって初めて投票する権利を得る新有権者を主な対象として「選挙はじめまして」という活動を行っています。実際の選挙で使われている投票箱や投票用紙記載台を学校に貸し出して生徒が票を投じるという体験をしてもらったり、選挙制度や投票方法について理解してもらうための出前授業を行ったりしています。

臨時啓発は選挙の直前に実施される活動のことです。総務省によるポスター作成と配布がこれにあたります。投票の呼びかけ、選挙期日の周知、選挙期日に投票できない有権者に対しての期日前投票制度の周知などが含まれます。また2021年の衆院選では、投票所におけるコロナ感染症対策についての情報提供も行われました。

選挙は民主主義の制度的土台であり、その土台を維持し強固にしていくためには、より多くの有権者が投票に行って意思表明をすることが不可欠です。したがって、普段から有権者の選挙への関心を高め、選挙となれば投票に行くことを呼びかける国や自治体の啓発活動は重要な意味を持つはずです。出前授業などを通じて選挙に関心を持つ有権者が増えたり、あるいは選挙直前に配布・配信されるポスターなどを目にすることで投票に行く有権者が増えたりすれば理想的です。

ところが、国や自治体の行う活動がどれくらいわたしたち有権者に影響を与えているのか、そしてどのような活動がより影響が大きいのかについては、日本国内ではあまり検討が行われていません。もしこれまでに実施されている活動があまり効果的でなかったとしたら、別の活動内容を検討する必要があります。コストが低いけど投票率向上への効果が大きい方法がみつかればなおよいでしょう。つまり、投票率向上という目的に対してどの方法がどれだけ効果的なのかを常に検討することが大切なのですが、このような検討が行われないままになっているのです。この検討のために不可欠な手法がフィールド実験と呼ばれる研究手法です。次節ではフィールド実験の特徴を説明します。

3　フィールド実験とはなにか

「実験」という言葉で思い浮かべるのは、白衣の研究者が研究室（ラボ）でなにか作業を行っているシーンでしょうか。このようなイメージから考えると、政治学、特に投票率の研究で実験が行われることは想像しにくいかもしれません。ところが、最近の政治学研究では、「分析対象に対してなんらかの操作を加えてその反応をみる」という理系分野で行われるのと似たような実験が頻繁に行われています。政治学での分析対象は政治家や有権者です。そして「フィールド」という言葉は、「研究室（ラボ）」実験と対比するために使われています。つまり実験が研究室の中で行われるのではなく、政治家や有権者がなんらかの選択を行う実際の選挙の現場、つまりフィールドで実験が行われることを意味しています。次節で取り上げる実験では、２０２１年衆院選時に実際に投票に行くかどうかを決めようとする新有権者を分析の対象としました。そこで、以下では新有権者を研究対象であると想定して説明をしていきます。

この実験での「なんらかの操作」とは、投票を呼びかけるメッセージ発信です。そのメッセージの発信対象として選ばれた新有権者がどのような反応を示したのか、具体的には投票に行ったのかどうかを観察します。最終的にはメッセージ発信によって新有権者の投票率が上昇したのかを知りたいのですが、メッセージの発信対象となった新有権者だけに注目しても投票率が「変化」したかはわかりません。変化をみるためには比較対象が必要だからです。そこで、比較対象として、メッセージの発信対象とはならなかった（つまりメッセージを受け取らなかった）有権者の投票率もわかるようにデータを集めておきます。そして、

メッセージ発信対象である新有権者の投票率
－メッセージ発信対象ではない新有権者の投票率

を求めることで、メッセージ発信が新有権者の投票率に及ぼした効果を明らかにするのです。以下では、メッセージ発信の対象となった新有権者のグループを介入群、対象にならなかった新有権者を対照群と呼ぶことにします。

フィールド実験では、研究対象となっている新有権者を介入群と対照群に分割するために無作為割り当てという手続きを使います。例えばある自治体では、新有権者となった若者が1000人いるとしましょう。1000人の名前が並んでいる名簿があったとして、上から順番に各新有権者を

介入群か対照群に無作為に割り当てていきます。例として、名簿の一番上の新有権者に注目します。10円玉を投げて、数字が書かれている側が出たら介入群、平等院の絵が出たら対照群にこの新有権者を割り当てます。数字か絵のどちらが出るかは偶然に決まるので、この新有権者が介入群に属するか対照群に属するかは無作為に決まるとみなせます。この手続きを名簿最後の新有権者まで続けます。介入群と対照群の新有権者の数は約500人ずつになるはずです。なぜ無作為割り当てを使うのかについてはコラム④－1を参照してください。

コラム④－1　なぜ無作為割り当てを使うのか

フィールド実験では、分析対象を無作為に介入群と対照群に割り当てます。なぜ無作為に割り当てることが大切なのでしょうか。その理由は、介入群と対照群の性質をできるだけ近づけるためです。メッセージ配信の対象となった介入群と対象とならなかった対照群には配信以外に違いがないとしましょう。例えば男女比率、平均年齢、居住地などに違いがないということです。このとき、もし対照群と比べて介入群の投票率が高いことがわかった場合、この投票率の差はメッセージ介入によってもたらされたということができます。逆に、もし介入群と対照群にはメッセージ配信以外にも違いがある、例えば介入群に女性が多く含まれていたとします。このとき、投票率の差がメッセージ配信によってもたらされたのか、あるいは男女比率の違いによってもたらされたのか判断できません。

コイントスなどを通じて分析対象者を無作為に分割する場合、分析対象者の性質に関わらず介入群か対照群のどちらに入るかが50％の確率で決まります。男性でも女性でも確率は同じです。例えば

1000人の分析対象者のうち男性が500人、女性が500人とします。それぞれを無作為に割り当てていくわけですが、どちらの群に入るかは50％なので、結果として介入群と対照群には男女とも約250人ずつになります。つまり男女比率が近似するのです。他の性質についても同じことがいえます。フィールド実験では無作為割り当てを通じて性質の近い介入群と対照群を人為的に作り出し、分析対象である介入政策の効果を炙り出そうとするのです。

介入群と対照群それぞれの新有権者が決まったら、介入群の新有権者に対しては、選挙の数日前に投票参加を促すことが期待されるメッセージを発信します。メッセージが記載されたはがきを送ることを考えてみてください。一方で、対照群の新有権者にはそのようなメッセージを送りません。何もしないこともありますし、投票参加にはつながらないような別のメッセージを送ることもあります。

そして、選挙後に介入群と対照群の新有権者が実際に投票に行ったかを確認します。そして、介入群と対照群それぞれの投票率を計算して比較します。対照群と比べて介入群の投票率が高ければ、その投票率の違いはメッセージ発信によって生み出された、つまりメッセージ発信により投票率が上昇した可能性が高いという結論を下すことができるのです。

4　2021年衆院選におけるフィールド実験

筆者が実際に行ったフィールド実験の概略とその結果を紹介します。実験対象となったのは、2021年10月の衆院選で新しく有権者となった大阪府豊中市在住の18歳から20歳の若者2241人です。豊中市選挙管理委員会事務局の協力のもと、2241人の名簿を作成してもらいました。この名簿には各新有権者の住所や年齢などが含まれます。この名簿を使い、各新有権者を2つの介入群と1つの対照群に分割しました。名簿は住所と氏名で順序づけられており、名簿の上から順番に介入群1、介入群2、対照群、介入群1……というように各群に割り付けていきました。住所や氏名の順番はほぼ無作為に決まっていると考えていいので、コラム④-1で紹介したような無作為割り当てが実現したと考えていいはずです。

以下で説明するように、それぞれの群に対して投票を呼びかけるメッセージを発信したのですが、メッセージの内容は異なります。

この衆院選に際して、豊中市選挙管理委員会事務局は新有権者への選挙啓発を目的として、新有権者全員に2種類の資料を郵送することをもともと予定していました。1つは投票日時や期日前投票所の場所などを明記した1枚のパンフレットで、もう1つは漫画を通じて評論家の池上彰が政治や投票の役割を説明する「選挙ガイドブック（SENKYO GUIDE BOOK）」というタイトルの冊子でし

図4－1　新有権者を対象としたフィールド実験で使用したステッカー。封筒表面下部に貼り付けた

介入群1	介入群2	対照群
 前回の衆院選では、あなたと同じ18歳と19歳の有権者963,009人が投票しました。ぜひ投票に行きましょう！	 投票に行って、社会の未来を決めるメンバーになりましょう！	 ぜひ投票に行きましょう！

た。これら2つの資料が1つの封筒に収められて、衆院選の直前に各新有権者の住所に送られることとなっていました。

そこで、筆者の実験のため、封筒の中身は同一なのですが、封筒表面に3種類の異なる投票呼びかけメッセージを記載したステッカーを貼り付けることを企画しました。具体的には、以下の3つのメッセージを準備しました。

- 介入群1：「前回の衆院選では、あなたと同じ18歳と19歳の有権者963、009人が投票しました。ぜひ投票に行きましょう！」
- 介入群2：「投票に行って、社会の未来を決めるメンバーになりましょう！」
- 対照群：「ぜひ投票に行きましょう！」

実際のステッカーが図4－1です。介入群1の新有権者には左のステッカーが貼り付けられた封筒、介入群2の新有権者には中央のステッカーが貼り付けられた封筒、そして対照群の新有権者には右のステ

ッカーが貼り付けられた封筒が送付されました。なぜこれらの文面が選ばれたかについては、次節で詳しくお話しします。ただ、ここでのポイントは、対照群では単純に投票に行くことを呼びかけている一方で、介入群ではそれぞれ追加の情報が提示されているということです。介入群1では他の人も投票に行っていることを伝え、介入群2では投票に行くことを通じて達成される自己の積極性のようなものをイメージしてもらえるように工夫しました。介入群1の「18歳と19歳の有権者963，009人」という人数は、前回の衆院選における実際の数値にもとづいています。なお、封筒は選挙期日の約2週間前に発送されました。

衆院選後に、豊中市選挙管理委員会事務局によって前述の名簿に各新有権者が投票に行ったかどうかの記録が追加されました。つまり、この名簿をみると、各新有権者がどの群に属していて、また投票に行ったのかがわかるのです。最終的に、筆者は匿名化された名簿（つまり個人の特定が不可能な名簿、名前や住所などは削除済み）の提供を受けました。当然のことですが、各有権者が誰に投票したかの記録は残っていませんし、それを知ることは不可能です。

この名簿をデータとして取り扱い、3つの群の投票率を比較したのが図4‐2の棒グラフです。それぞれの群には747人の新有権者が含まれているのですが、そのうち何人が投票したかを求めて、最終的に投票率を計算しました。図4‐2をみると、対照群と比べたとき、介入群1（「有権者963，009人が投票」）が2％ポイントほど、そして介入群2（「社会の未来」）の投票率が1％ポイントほど高いことがわかります。介入群へのメッセージ配信によって投票率が上昇したといいたく

図 4－2　介入群と対照群の平均投票率にはほとんど差がなかった

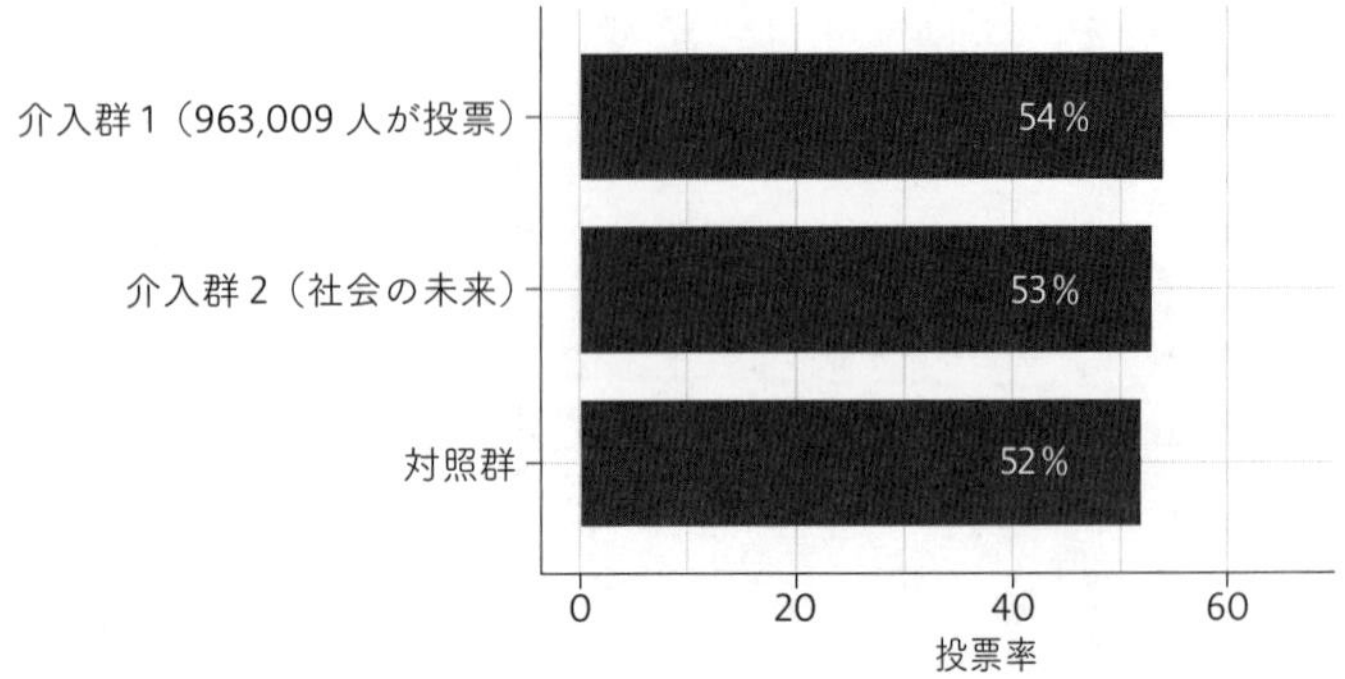

（注）2021 年衆院選時のフィールド実験データにもとづく。

なるのですが、実は介入群２つと対照群の投票率の差は偶然によって生み出された可能性が高いです。実際、統計的検定を行うと、介入群と対照群の投票率には差があるとはいえないという結果になります。つまり、このフィールド実験からは、介入群への特別なメッセージ発信によって投票率が上昇したというエビデンスを得ることができなかったのです。

5　どのような啓発活動が効果的なのか

残念なことに、筆者が実施したフィールド実験では、メッセージ発信が投票率上昇につながるというエビデンスを得ることができませんでした。当然のことですが、このフィールド実験でのメッセージ発信のやり方はいくつも考えられるうちの一例なので、メッセージ配信や啓発活動に効果がないという結論を下す必要はありません。実際、アメリカやヨーロッパの有権者を対象としたフィールド実験では、メッセージ発信による効果が確認されています。

ここで考えるべきなのは、なぜ今回はメッセージ発信による効果を確認できなかったのかということです。他国の有権者には効果的だけど、日本の有権者にはなんらかの理由であまり効果的ではないという可能性はあります。この可能性を検討するにはさらなるフィールド実験が必要です。むしろはじめに検討すべきは、筆者が選んだ方法がまずかったという可能性です。

具体的には、2つの点で方法を改善できたかもしれません。1つはメッセージの内容です。介入群1のメッセージは同年代の有権者の多くが投票参加していることを強調し、「みんながやっているのだから自分もやらないと」と感じてもらうことを目的としていました。つまり規範意識に訴えかけようとしたのです。ただ、自分と同年代の有権者96万3009人が投票したという事実を目にしただけでは、他者がどのような行動をしているか、どのような行動が期待されているのかを明確に認識しなかった可能性があります。介入群2では「投票に行っている自分」という自己イメージを喚起することを期待したメッセージを発信しました。これは「投票に行きましょう」と伝えるより「投票に行く自分」を想像してもらうメッセージのほうが効果的であるという先行研究にもとづいて選ばれたのですが、実は自己イメージの喚起については効果があまりないとする研究もあります。また、対照群でも「投票に行きましょう!」という投票呼びかけメッセージを送っているので、それによって投票率が介入群と同程度に上昇した可能性もあります。まとめると、メッセージの内容を工夫すればメッセージ配信は効果的かもしれないのです。

もう1つは、メッセージの伝達方法に問題があるという可能性です。封筒表面にメッセージを貼り付けることで、封筒の中身をみない人も含めてメッセージを目にする可能性が高まることを想定していました。ところが、用意したメッセージのサイズが小さくあまり目立たなかったため、メッセージを確認することなく封筒を開けたり廃棄してしまったりした人がたくさんいたかもしれません。当然ですが、メッセージをみなければ効果は生まれません。文字を大きくしたり色をつけたりして目立つようにすべきだったのかもしれません。また、もしメッセージを目にしていたとしても、封筒開封後に封筒内部の情報（池上彰の漫画など）に気をとられて、メッセージの内容を忘れてしまったこともありえます。

では、投票率上昇という目的のためにはどのようなメッセージ配信が効果的だといわれているのでしょうか。ロジャースら（Rogers et al. 2018）はメッセージ配信を含む投票啓発活動の効果を高めると考えられる条件を5つ提示し、それをPANIC（Personal［個人に向けた］、Accountable［責任を負うような］、Normative［規範的な］、Identity relevant［社会・自己認識と関連する］、Connected［つながりのある］）と呼んでいます。各条件の定義を表4－1にまとめています。以下では例を交えながらそれぞれの条件について説明します。

表 4－1　投票啓発と PANIC 原則

Personal〔個人に向けた〕	つながりを感じられるような関係性において，個人に向けた・個人に特化したやり取りが生じるときにより効果的
Accountable〔責任を負うような〕	どう振る舞ったかを他者が観察できるときにより効果的
Normative〔規範的な〕	どのように振る舞うべきかについて他者がどう思っているかを伝える，あるいは他者が実際にどう振る舞っているかを伝えるときにより効果的
Identity relevant〔社会・自己認識と関連する〕	行動と自己の社会認識・自己認識が一致するときにより効果的
Connected〔つながりのある〕	人々の社会的ネットワークやネットワークを維持するようなプラットフォームを活用したときにより効果的

（注）　Rogers et al.（2018）の Table 1 の一部を翻訳。

Personal〔個人に向けた〕

個人と個人の交流を含む活動、例えば直接の会話など個人同士のやり取りを通じて投票参加を呼びかける場合に効果が大きくなります。例えば、電子メールなどを通じて投票を呼びかけるメッセージを受け取るよりも、誰かに面と向かって話しかけられたり電話で投票を呼びかけられたりするほうが効果的という意味です。啓発の対象者の注意を引くことができますし、頼まれたことを「やりたくない」といいにくくなります。

Accountable〔責任を負うような〕

投票に行ったかどうかが他者にみえるような状況を作り出す場合、呼びかけの効果が大きくなります。他者が自分の投票参加の有無を知ることができるような状況では、「この人は投票に行かなかったのか」と思われることを避けるために投票に行く可能性が高まります。例えば、選挙後に投票に行ったかどうかを誰かに尋ねられることを事前に知っている場合、気まずい状況を避けるために投票に行くかもしれません。投票を呼びかけるメッセージの周辺に人間の目が記載されているだけでも、その目を気にして効果が大きくなるとする研究もあります。また投票することが自分の評判につながると思う場合、投票に行ったことを他人に知らせたりします。アメリカでは投票すれば「I Voted」というステッカーが貰えるので、選挙期間中にはこのステッカーを服などに貼りつけて歩いている人をみかけます。**Accountable**という条件を満たすメッセージの詳しい内容についてはコラム④－2を参照してください。

コラム④－2　社会的圧力と投票参加

Accountable〔責任を負うような〕という条件を満たすようなメッセージとはどのような内容かを詳しくみてみましょう。アメリカの有権者を対象としたフィールド実験の研究例（Gerber et al. 2008）に注目します。このフィールド実験では4つのメッセージ内容の効果を比較しています。「投票は有権者の義務です」といった他のメッセージと比べ、最も効果があったメッセージが近所の人たちの目を意識させるものでした。具体的には、「選挙後に（実験対象者の）近所の住民のうち誰が投票したかを知らせる情報を送ります」という文面のメッセージです。これは同様のメッセージが近所の住民にも送付されること、そして自分が投票したかを（自分の知っているかもしれない）他者が知ることになるということを意味しています。このメッセージを受け取った人は自分が投票に行かなかったと知られるのを避けたいので、投票に行ったと考えられます。
また、投票に行ったかを尋ねられたとき、他者の目を意識するあまり実際には投票に行ってなくても「投票に行った」といってしまうこともあります。なぜこのようなことが起きるかについては第8章を参照してください。

Normative〔規範的な〕

投票することは社会的に望ましい行動なのだと認識するような状況を作り出せると、呼びかけの効果が大きくなります。「みんながやっているのだから、自分も同じようにすべき」と感じるような状況を意味します。多くの人が投票していることを伝えれば自分も投票に行こうと考え、逆に多くの人が投票していないのであれば自分も行かなくていいやと考えるのです。今回の実験ではこのロジックを利用して、同年代の有権者のうち多くの人が投票に行っているということをメッセージに盛り込みました。当然のことですが、参照される他者が誰なのかは重要になります。自分とあまり関わり合いのない人が投票していることを知らされても、自分も同じように投票すべきだとはそれほど強く感じないでしょう。

Identity relevant〔社会・自己認識と関連する〕

人間は誰もが自分がなんらかのグループに帰属している、そのグループの一員だという認識を持っています。自分が属するグループとは、出身地、現在の居住地、年代、性別、大学や会社といった自分が属している組織などのことです。あるグループへの帰属意識を強く感じていて、さらにそのグループの一員として投票することが重要だと感じるような呼びかけは効果が大きくなるかもしれません。例えば、若い有権者は同年代の他の有権者と強い結びつきを感じていて、自分たちの未来のために自分を含め誰もが投票に行くことが大切だと気づくようなメッセージを発信するというような状況です。これとは別に、グループではなく自己についての認識を強調することも効果的だといわれています。今回の実験では、投票することを呼びかけるのではなく、投票する自分という自己イメージを喚起することを目的としたメッセージを使いました。投票に行く日時や方法を具体的にイメージしてもらい、「自分は投票に行く」と自己予言してもらうことも効果的だといわれています。

Connected［つながりのある］

全然知らない他者に投票を呼びかけられるよりも、自分の知っている人・つながりのある人に呼びかけられたほうが効果的です。例えば、家族間の呼びかけなどは効果を高める1つの方法です。互いが投票に行ったかどうかを知ることのできるような社会的ネットワークだったり、またいろいろな人とつながりを持つ影響力の大きい人を通じて呼びかけたりすることも効果的になります。

6 まとめ

日本で行われているさまざまな投票啓発活動を念頭に、この章では投票を呼びかけるメッセージの配信が投票率の向上につながるのかを検討してきました。この問いに答えるために、フィールド実験と呼ばれる方法を利用しました。社会規範や自己イメージを喚起するようなメッセージを配信した新有権者（介入群）とそのようなメッセージを配信しなかった新有権者（対照群）の投票率を比較しました。残念ながら、分析結果からは介入群と対照群の投票率に差をみつけることができませんでした。この章の最後では、効果的な呼びかけメッセージや呼びかけ方法を設計するためのヒントをまとめました。

筆者のフィールド実験からは啓発活動が投票率を向上させるというエビデンスをみつけることができなかったので、啓発活動に効果がないのではといいたくなります。当然ですが、今回のフィールド実験はあくまで一例であり、メッセージの内容や配信方法を工夫した実験を何度も行うことで、エビデンスの確かさを高めていく必要があります。医薬の治験などでは繰り返し実験を行うことで効果の大きさや副作用の有無などを確認します。フィールド実験でも同様の姿勢を持つことが大切なのです。

最後に強調したいのは、啓発活動などの政策介入を行う際にはやりっぱなしにしないという姿勢です。この章の冒頭で述べたように、国や自治体は常時あるいは臨時の選挙啓発を実施する義務を負っています。そこで、選挙のたびにさまざまな投票呼びかけが企画され実施されています。このような啓発活動を企画し実施する国や自治体の担当者の方々の努力には頭の下がる思いです。ただ、啓発活動を実施することのみに労力が使われてしまい、本当にその活動に効果があったのかはなかなか検証されません。啓発活動の効果を検証するための準備をしておき、実際に効果検証を行ってそこから得られた結論を次回以降の活動に生かしていくというサイクルが生まれることが望ましいのではないでしょうか。

参考文献

松林哲也「若年層を対象としたフィールド実験による投票啓発の効果検証」『選挙研究』第39巻1号、2023年（掲載予定）。

Gerber, A. S., Green, D. P. and Larimer, C. W., "Social Pressure and Voter Turnout: Evidence from a Large-Scale Field Experiment," *American Political Science Review*, 102, 33–48, 2008.

Gerber, A. S., Huber, G. A., Biggers, D. R. and Hendry, D. J., "A Field Experiment Shows That Subtle Linguistic Cues Might Not Affect Voter Behavior," *Proceedings of the National Academy Sciences*, 113 (26), 7112–7117, 2016.

Rogers, T., Goldstein, N. J. and Fox, C. R., "Social Mobilization," *Annual Review of Psychology*, 69, 357–381, 2018.

第5章

なぜ地方で投票率が高いのか？

——議員定数不均衡と投票参加

1　議員定数の配分と地方と都市の投票格差

現在はどちらにお住まいですか？　人口の多い都市部でしょうか？　あるいは都市部から離れた人口の少ない地方部でしょうか？　選挙での投票率は地方部と都市部で大きく異なります。図5－1左図は、1953年から2017年に実施された23回の衆院選における投票率の推移を町村自治体（町と村）と市区自治体（市と東京都23特別区）ごとに示しています。人口が少ない町村の自治体を地方部の自治体、人口が多い市区の自治体を都市部の自治体とみなします。これら2種類の自治

図5－1　町村自治体と市区自治体の投票率の差は大きい

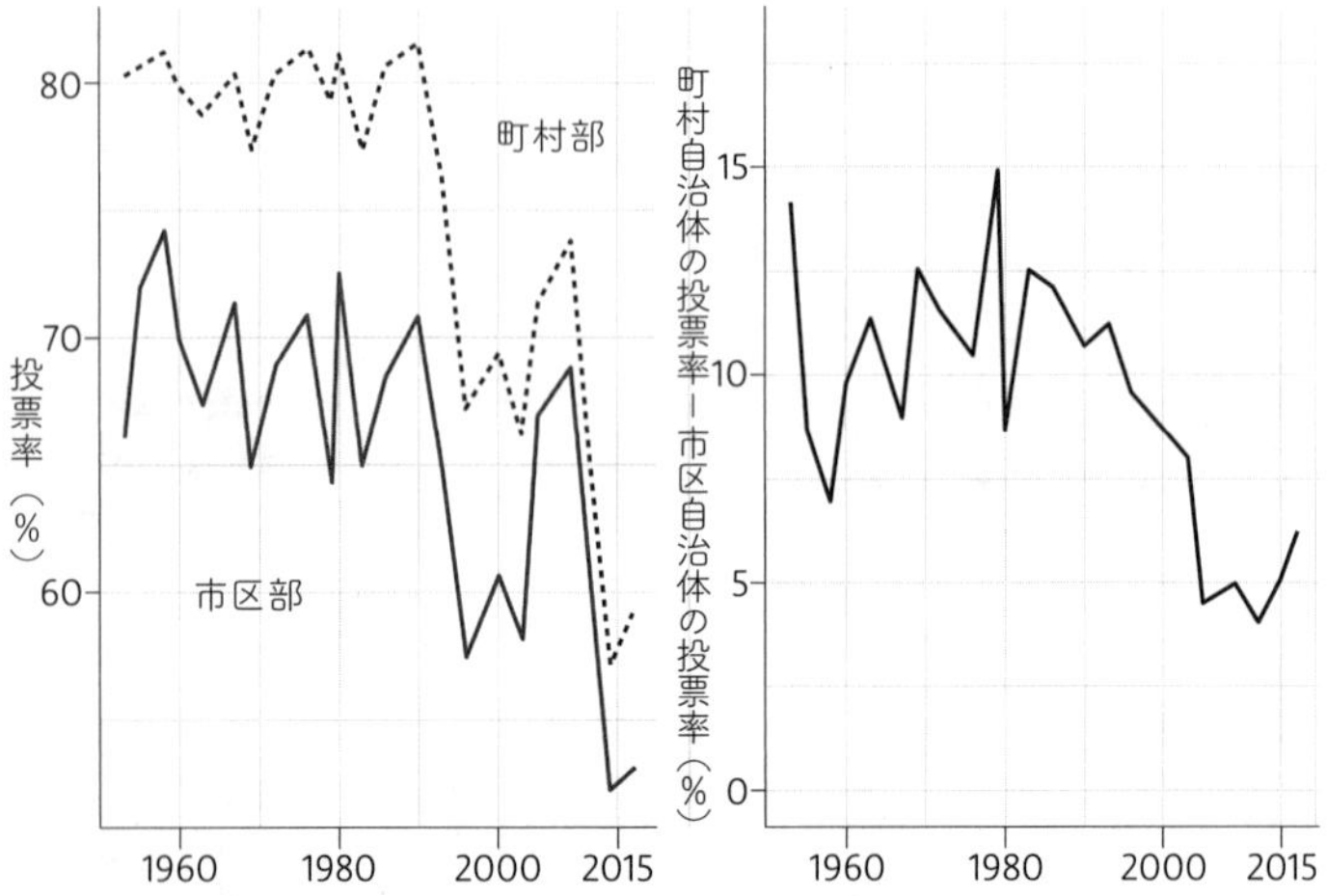

（注）総務省衆議院議員総選挙結果調にもとづく。

体の投票率に大きな差があることは一目瞭然です。すべての衆院選を通じて、町村自治体の投票率のほうが高くなっています。

さらに、町村自治体と市区自治体の投票率の差を求め、その推移を図5－1右図にまとめました。1990年代終わりまでこれら2つの自治体の投票率には平均で10％ポイントの差があったことがわかります。ただ、その差は2000年代以降には縮まっており、2010年代以降の選挙では4から6％ポイントほどになっています。以下では、地方部と都市部の投票率の違いを投票格差と呼びます。

なぜ地方部と都市部には投票格差があるのでしょうか。そしてなぜ最近の選挙ではその格差が縮まっているのでしょうか。この章では、これら2つの問いに答えるために、これまで投票参加を説明する際にあまり注目されてこなかった要因に目を向けます。それは地方と都市の間に長らく存在してきた選挙区間の議員定数不均衡です。なお、コラム⑤－1では地方部と都市部の投票格差に関するこれまでに提示されてきた説明を紹介しています。

コラム⑤－1　都市と地方の投票格差に関するこれまでの説明

地方部と都市部には投票格差の原因に関してはこれまでさまざまな説が提示されていて、その多くは各地域に住む有権者の特徴の違いに原因を求めています。地方部の有権者は地域を単位とする社会的ネットワーク（例えば自治会や職業団体）に属することが多く、そのネットワークを通じて投票の働きかけを受けるのかもしれません。また、そのようなネットワークを通じて、投票に行くことの社会的規範（第4章を参照）をより強く感じることも考えられます。また、地方部では選挙を地域イベントとみなす参加文化が存在し、選挙期間中に選挙のムードに人々が引き込まれていく可能性も指摘されています。都市部では地域単位の社会的ネットワークが希薄であり、選挙をイベントとみなすような意識もないでしょう。このような違いが、投票率の差を生み出すといわれています。

地方部と都市部の投票格差が縮まっている理由については、投票参加の学歴バイアスが強まったことが指摘されています。投票参加の学歴バイアスとは、教育程度が高くなるほど投票率が高いということ、例えば大卒未満有権者と比べて大卒以上有権者の投票率が高いことを意味します。地方部と比べて都市部には大卒有権者がより多く居住するので、彼らの活発な投票参加によって地方部と都市部の投票率の差が縮まっているという指摘があります。また、最近の選挙でも残っている投票率の差は、民主的な選挙では、各選挙区に配分される有権者1人あたり議席数はほぼ等しくなることが原則です。この原則が守られるのであれば、政策形成過程への各有権者の政治的影響力が平等になるからです。また、各有権者の票の重み（あるいは価値）が等しくなり政治的平等が保障されることも意味します。例えば、2つの選挙区AとBがあって、それぞれから選出される議員が1名だとしましょう。もし各選挙区の有権者数が等しく20万人だとすると、有権者1人あたりで考えたとき、選挙区AとBに配分された議員定数の平等が実現されていることになります。では、選挙区Aの有権者数が20万人、Bの有権者数が100万人だとどうなるでしょう。このとき、選挙区Bと比べてAでは有権者1人あたり議員定数が5倍も大きくなります。票の価値を考えると、Aの1票に対して、Bの有権者はたった0・2票しか持っていません。このような状態を選挙区AとBの間の議員定数不均衡と呼びます。

日本の衆院選では、選挙区間の議員定数不均衡が長らく継続してきました。選挙区Aのように過大に代表されている選挙区は地方部に偏在し、一方でBのように過小に代表されている地域は都市部に偏在してきました。この章ではこの事実に注目し、首都圏や関西圏といった都市部と比べ、人口の少ない地方部により手厚く議席が配分されてきたことが地方と都市の投票格差を生み出してきたことを明らかにします。さらに、1994年の選挙制度改革を通じて地方と都市の議員定数不均衡がある程度は是正されたため、その結果として地方と都市の投票格差が縮小したことも示します。

次節では1947年から1993年の衆院選における議員定数不均衡の推移をまとめ、これが地方部と都市部の選挙区の間で生じていたことを示します。第3節では、1994年の選挙制度改革を経て、1996年以降の衆院選で定数不均衡がどれだけ解消されたかを確認します。第4節では、議員定数不均衡とその是正が地方部と都市部に住む有権者の投票参加になぜ影響を及ぼすのかというメカニズムを説明します。そして第5節では、データを用いながら、議員定数不均衡と地方・都市の投票格差の関係を明らかにします。

2　中選挙区制下での議員定数不均衡の推移

日本の衆院選では、1947年から1993年までは中選挙区制、そして1996年以降は小選挙区比例代表並立制という制度が使われてきました。各制度下の選挙では、都道府県内で地域のまとまりを考慮して選挙区が作られます。それぞれの選挙区には一定の議員定数が与えられます。中選挙区制選挙の議員定数はおおむね3名から5名です。選挙区内の候補者のうち、得票数順位で定数内に位置づけた候補者が議席を手にします。中選挙区制下での議員定数は何度か変更されており、選挙制度改革直前の1993年衆院選では129選挙区511議席でした。

まず、1947年から1993年までの中選挙区制の衆院選における選挙区間の議員定数不均衡の推移をみてみましょう。議員定数の不均衡を測定するには、各選挙区にどれだけ議席が配分されているかを知る必要があります。重要なのは議席数そのものではなく、有権者あたりの議席数なので、選挙区別に議員定数／有権者数を求めます。これは有権者1人あたりの議員定数を意味します。これだと数値が非常に小さいので、100万をかけて有権者100万人あたりの議員定数としました。以下では有権者100万人あたり議席数と呼びます。

次に、各衆院選において有権者100万人あたり議席数が最大と最小の選挙区をみつけました。例えば、1993年の衆院選では全部で129の選挙区があったのですが、有権者100万人あたりの議席数が最大だったのは愛媛県第3選挙区で6・87、最小だったのは東京都第11選挙区で2・43でした。つまり、この衆院選での最大の不均衡は6・87／2・43＝2・83倍あったことになります。

各衆院選における最大値と最小値の比を使って、衆院選における議員定数不均衡の推移を図5－2にまとめました。1996年までの白色の範囲に注目してください。戦後初の1947年の衆院選の時点ですでに不均衡が存在したのですが、2倍未満となっていました。しかし格差は徐々に上昇していき、1972年には有権者100万人あたり議席数が最大で5倍になったのです。この背後には、高度経済成長に伴う地方部から都市部への人口移動がありました。都市部の選挙区では有権者が劇的に増えたのですが、配分される議員定数に大きな変化がなかったため不均衡が増大したのです。1993年の衆院選までに何回か選挙区割りや議員定数の見直しが行われましたが、選挙区間の不均衡は縮小しながらも高いままで推移しました。

このような議員定数不均衡は、主に地方部の選挙区と都市部の選挙区の間で生じていました。1993年の衆院選における不均衡を例として、本当にそうなのかを確認しましょう。図5－3上部は、有権者100万人あたり議席数が大きい選挙区ほど濃い色に、小さい選挙区ほど薄い色に色付けした地図です。首都圏、中京圏、関西圏など人口が集中している地域では薄い色が目立ちます。つまり、有権者100万人あたりの議員定数が小さいのです。一方で、東北、信越、山陰、四国、九州では濃い色が目立ち、有権者100万人あたり議席数が大きいことがわかります。

図5－2　議員定数不均衡は高度経済成長期に拡大してその後縮小してきた。グレーの範囲は選挙制度改革後の衆院選を指す

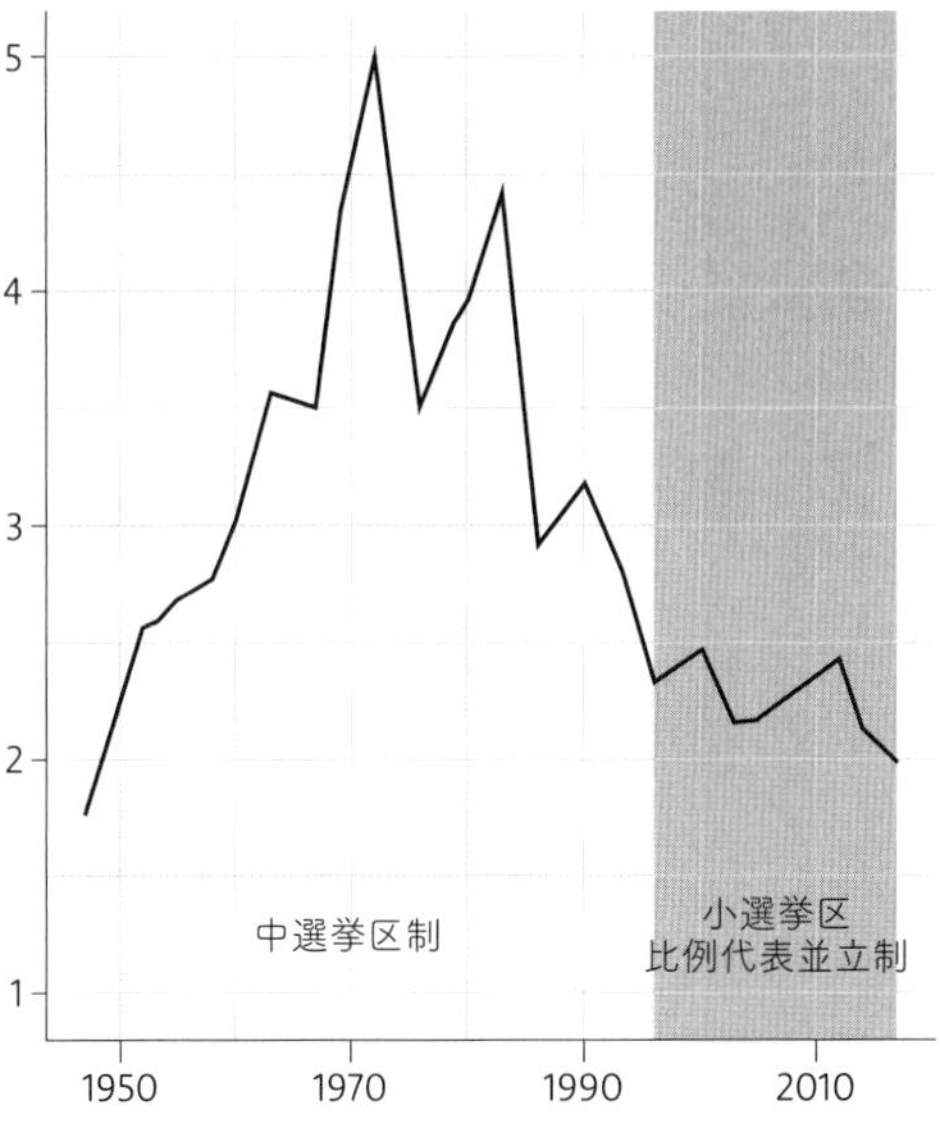

（注）Horiuchi and Saito (2003) およびJED-Mデータにもとづく。

別の方法を使って、さらに議員定数不均衡が地方と

図5-3　有権者100万人あたり議員定数は1993年と1996年で大きく変化した

（注）JED-M データにもとづく。

都市の間で生じていたことをみてみます。地方部と都市部を区別する特徴の1つは、自治体内の人口集中の度合いです。狭い地域に多くの人々が集住しているような自治体は都市的（例えば東京都23区）、そうでなければ地方的な自治体だと考えてもいいでしょう。自治体内の一定の面積内に住む人々の比率を都市人口比率として求め、これを使って、

図５－４　都市外人口比率と議員定数不均衡には正の関係がある

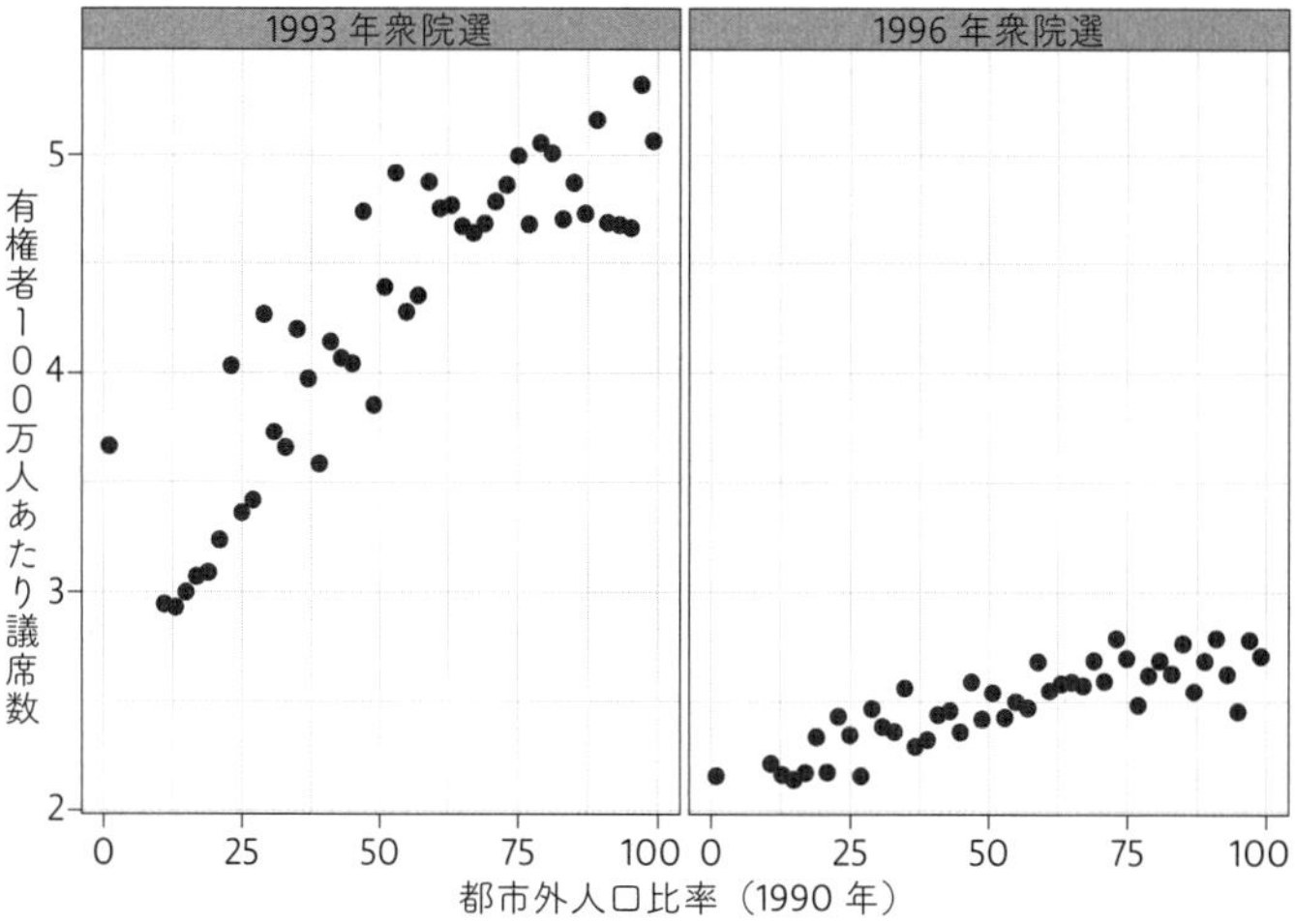

（注）　Horiuchi and Saito（2003）のデータおよび1990年国勢調査データにもとづく。

都市外人口比率＝１００－都市人口比率

という指標を作成しました。都市外人口比率が１００に近づく自治体ほど人口集中が進んでいないので（つまり都市人口比率が０に近くなる）地方部といえます。逆に都市外人口比率が０に近づく自治体ほど都市部にあるといえます。例えば、東京都23区の都市外人口比率は０に近くなり、首都圏などから離れた自治体の多くでは都市外人口比率が１００近くになります。

再び１９９３年の衆院選を例として取り上げ、都市外人口比率と議員定数不均衡の関係をみてみましょう。図５－４左図は、横軸を１９９０年の国勢調査にもとづく都市外人口比率、縦軸を有権者１００万人あたり議席数とした散布図です。都市外人口比率を2％ポイント刻みのグループに分割し、各グループに属する自治体について有権者100万人あたり議席数の平均値を求めてそれらを配置しました。1993年の衆院選では、都市外人口比率と議席数には強い正の関係があることがわかります。都市外人口比率が0に近い自治体では100万人あたり議員定数が平均で3ほどです。都市外人口比率が上昇するにつれて議席数も増加し、都市外人口比率が100に近づくと有権者100万人あたり議席数は5まで増えます。つまり、この図からも、1993年の衆院選では人口の少ない地方の自治体により手厚く議席が配分されてきたことがわかります。まとめると、高度経済成長期における地方部から都市部への人口流入により不均衡が拡大したため、有権者あたり議員定数の大きい地方部と定数の小さい都市部という形で議員定数の不均衡が固定化してきたのです。

3　小選挙区制の導入と議員定数不均衡の是正

1994年の公職選挙法の改正を受け、1996年の衆院選からは小選挙区比例代表並立制が用いられることとなりました。ここでは都道府県内の各小選挙区内で候補者が議席を争う小選挙区制選挙に注目します。地域ブロック（例えば北海道、東北、北関東など）を単位として政党が議席を争う比例代表制選挙は分析の対象とはしません。小選挙区制選挙の議員定数は1名です。中選挙区制と同様に、小選挙区制下での定数も変更を重ねてきました。最初の選挙である1996年衆院選では５００議席のうち、３００議席が小選挙区から選出されました。２０２１年衆院選では４６５議席のうち小選挙区から選出されたのは２８９議席です。残りの議席は比例代表制選挙から選出されます。

小選挙区の区割りはいくつかの基準を考慮しながら決定されました。その基準の１つが衆議院議員選挙区画定審議会設置法の第３条です。「各選挙区の人口の均衡を図り、各選挙区の人口のうち、その最も多いものを最も少ないもので除して得た数が二以上とならないようにする」ことを考慮したうえで区割りが行われました。この基準は前節で用いた議員定数の不均衡の指標と同じものです。

この基準にもとづいて区割りが決まったため、選挙区間の不均衡が是正されました。図５－２で背景が白からグレーに変化するあたりの数値の変化をみてください。議員定数の最大の不均衡が縮小しています。また、図５－３上部と下部をみると、小選挙区制導入以後の１９９６年衆院選での有権者１００万人当たり議席数が日本各地で大きく変化していることがわかります。この変化が地域間の議員定数の不均衡の是正につながったのかをみてみましょう。具体的には、議員定数が過大に配分されていた地方部と過小に配分されていた都市部の間で是正が発生したかどうかを確認します。図５－４右図は、１９９６年の衆院選時における都市外人口比率と有権者１００万人あたり議席数の関係を示しています。選挙制度改革後も、都市外人口比率が上がるほど議席数が大きいという関係がみられます。しかし、左図と比べると関係はかなり弱まっています。１９９３年時点では最大で２・８３倍あった不均衡が、１９９６年時点には２・３１倍に縮小しました（有権者１００万人

図5－5　都市外人口比率が高いと有権者100万人あたり議席数がより大きく減った

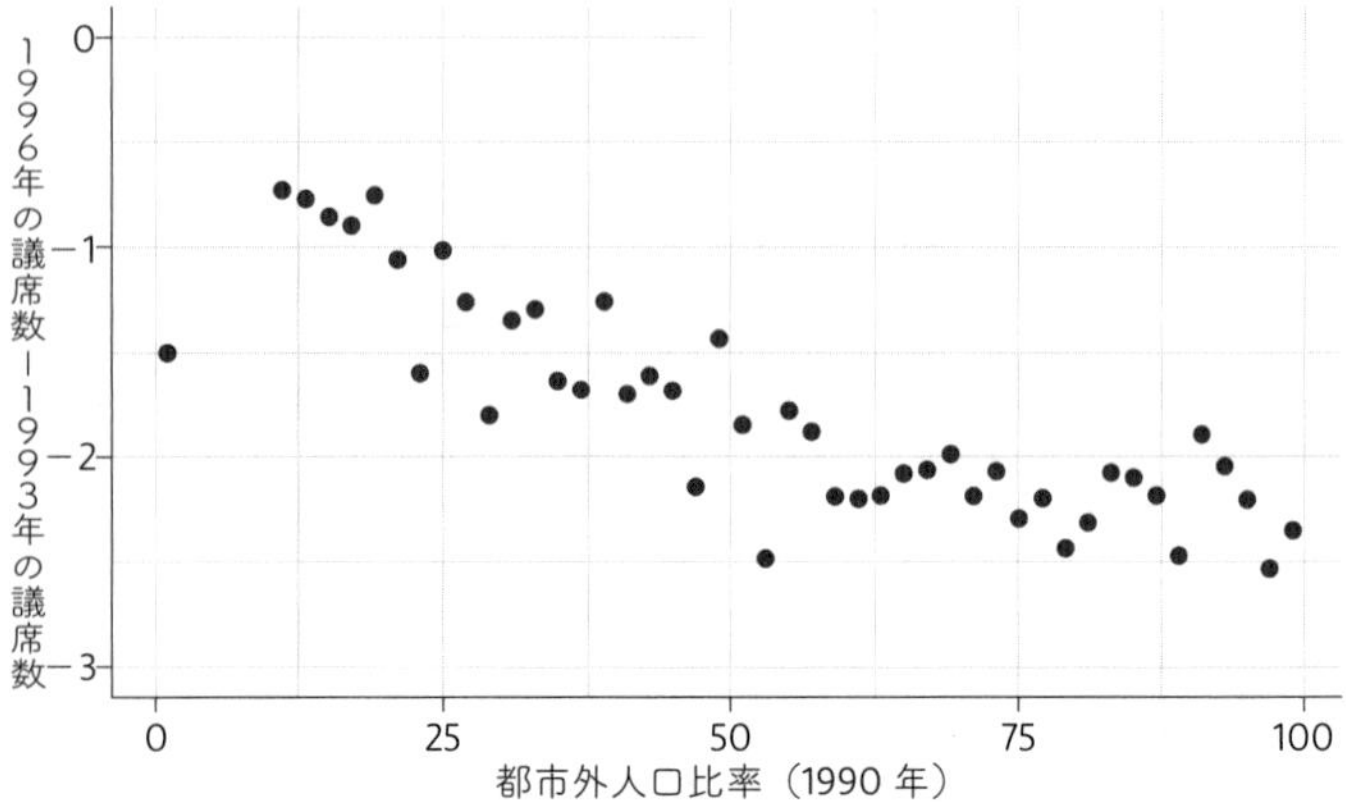

（注）Horiuchi and Saito（2003）のデータおよび1990年国勢調査データにもとづく。

あたり議席数が最大なのは神奈川14区、最小は島根3区）。

そして、この変化は主に地方部への議員定数の削減という形で起こりました。図5－5は横軸に都市外人口比率、縦軸に有権者100万人あたり議席数の変化を配置した散布図です。変化とは、1996年衆院選時点での議席数と1993年衆院選時点での議席数の差を意味します。マイナスの値が大きいほど、1996年衆院選では有権者100万人あたり議席数が減少したことを意味します。図5－5によると、都市外人口比率の高い地方部の自治体において有権者100万人あたり議席数が減っています。都市外人口比率の低い都市部でも議席数は減少していますが（これは議席数が中選挙区時代の議席数511から小選挙区制選出の議席数300に削減されたためです）、その減少の幅は小さいことがわかります。つまり、人口の少ない地方部へ配分される議席数が大きく減らされたため、結果として議員定数の不均衡がある程度是正されたのです。

4　議員定数の配分が投票率に影響を及ぼすメカニズム

選挙区間の議員定数不均衡が投票率に影響を及ぼすメカニズムを考えてみましょう。ここでは3つのメカニズムに注目します。1つ目は、各議席が選挙区の有権者にもたらすベネフィットの差です。例えば日本全国の医療環境を整備するために、国が補助金を配分するとします。補助金の総額が5000億円とします。もし議会内の各議員が配分額について同じような影響力を持つのであれば、各議員が地元に持ち帰る補助金額はすべての選挙区でほぼ等しくなります。250議席あるとすれば、各選挙区へは20億円ずつ配分されるのです。このとき、選挙区内の人口が少ないほど、配分額からの分け前が大きくなることが知られています。つまり、整備された医療環境の恩恵をより多く受け取ることができるのです。有権者がこのような関係があることを十分に認識しているのであれば、有権者あたりの議席数が大きい選挙区に居住する有権者ほど、投票参加により大きな価値を見出すので投票に行く可能性が高まると考えられます。

2つ目は、政党や候補者による選挙活動の差です。選挙を前にして、候補者は演説を行ったりビラを配ったりとさまざまな選挙活動を行います。ここでは候補者が各地域を訪問して有権者と握手をして回るという活動に注目します。各候補者が使える時間には限りがあるので、選挙期間中に握手をできる回数は候補者間で大きく違わないはずです。有権者あたり議席数が多いとき、それに比例する形で選挙区内の候補者が増えます。そして選挙区内の候補者が増えるほど、握手をした有権者の数も増えるでしょう。例えば、握手を通じて候補者から直接の働きかけを受けた有権者は、その候補者に親近感を覚えるでしょうし、また選挙への関心を持つようになるかもしれません。その結果、投票に行く有権者が増えるのです。

3つ目は、自分の投票参加が選挙結果にもたらす影響力の差です。有権者あたりの議席数が多いということは、裏返せば議席あたりの有権者数が少ないことを意味します。例えば1議席あたり有権者が10万人いる選挙区と1議席あたり20万人の選挙区を比べると、前者の選挙区の有権者のほうが自分の1票の価値をより大きく見積もると考えられます。つまり、自分の1票が選挙結果にもたらす影響がより大きいのではと感じるのです。その結果、投票に行く可能性が高まると考えられます。

まとめると、有権者あたりの議席数が増えると、投票することの価値が高まり、候補者や選挙への関心も高まります。その結果、投票に行く有権者が増え投票率が上昇すると予測できます。逆に、有権者あたりの議席数が減ると投票の価値が低くなるので投票率が低下するという予測も成り立ちます。

さらに、この関係を地方部と都市部の投票格差の説明に拡張しましょう。1993年までの中選挙区制の衆院選では、地方部と都市部の選挙区には大きな議員定数不均衡がありました。つまり、地方部の過大な定数配分と都市部の過小な定数配分が投票率格差を生み出していたと考えられます。ところが、選挙制度改革を経て、定数不均衡はかなり是正されました。これが地方部の投票率を下げたため、結果として地方部と都市部の投票格差が縮小したと推測できるのです。以下では、データを使って、これらの仮説が妥当かを確認します。

5 投票率への影響

はじめに有権者100万人あたり議席数と投票率の関係をみてみましょう。図5－6では1980年から2000年までの7回の衆院選のデータを使い、衆院選ごとに関係をみてみました。有権者100万人あたり議席数と投票率はそれぞれ自治体別のデータを使います。一般的に1つの選挙区には複数の自治体が含まれるので、同じ選挙区に属する自治体の有権者100万人あたり議席数は同じ値になります。図5－6からは、有権者100万人あたり議席数が増えると投票率も上昇するという明確な関係を確認することができます。ただ、有権者100万人あたり議席数の多い自治体は高齢化率が高いといった特徴があるかもしれず、そのような特徴が投票率にも影響を与えているかもしれません。したがって、図5－6の関係が因果関係を表しているとは必ずしもいえません。

そこで、選挙制度改革前後の有権者100万人あたり議席数の変化を利用してみます。選挙制度

図５－６　有権者 100 万人あたり議席数が増えると投票率が上がる

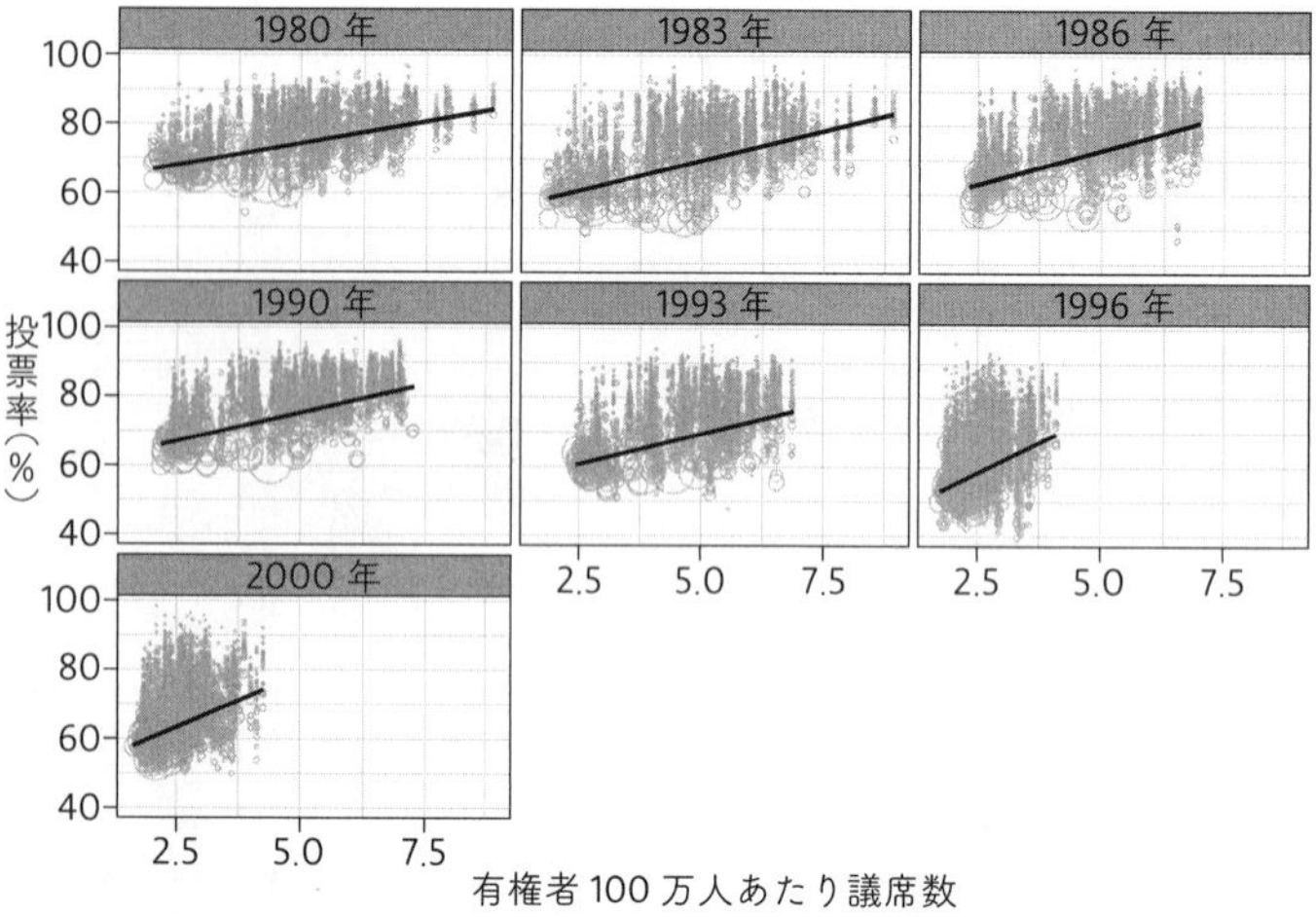

（注）Horiuchi and Saito（2003）のデータおよび 1990 年国勢調査データにもとづく。

改革を経て、ある選挙区で議員定数が大きく減少したとします。このとき、前節で説明したメカニズムが正しいのであれば、その選挙区に属する自治体の投票率が減少するはずです。ここでは１９９３年と１９９６年の２つの選挙における同じ自治体の投票率を比較するので、その自治体の特徴、例えば高齢化率などはほとんど変化していないとみなしていいでしょう。つまり、投票率に影響を与えそうな要因はほとんど変化していないのだから、投票率が減少したのは議員定数の変化によってもたらされたのだといえるようになるのです。

図５－７は１９９６年と１９９３年の衆院選の有権者１００万人あたり議席数の差を横軸に、そしてこれら２回の選挙での投票率の差を縦軸に配置した散布図です。前

図５−７　1996 年に有権者 100 万人あたり議席数が減った自治体ほど投票率が下がった

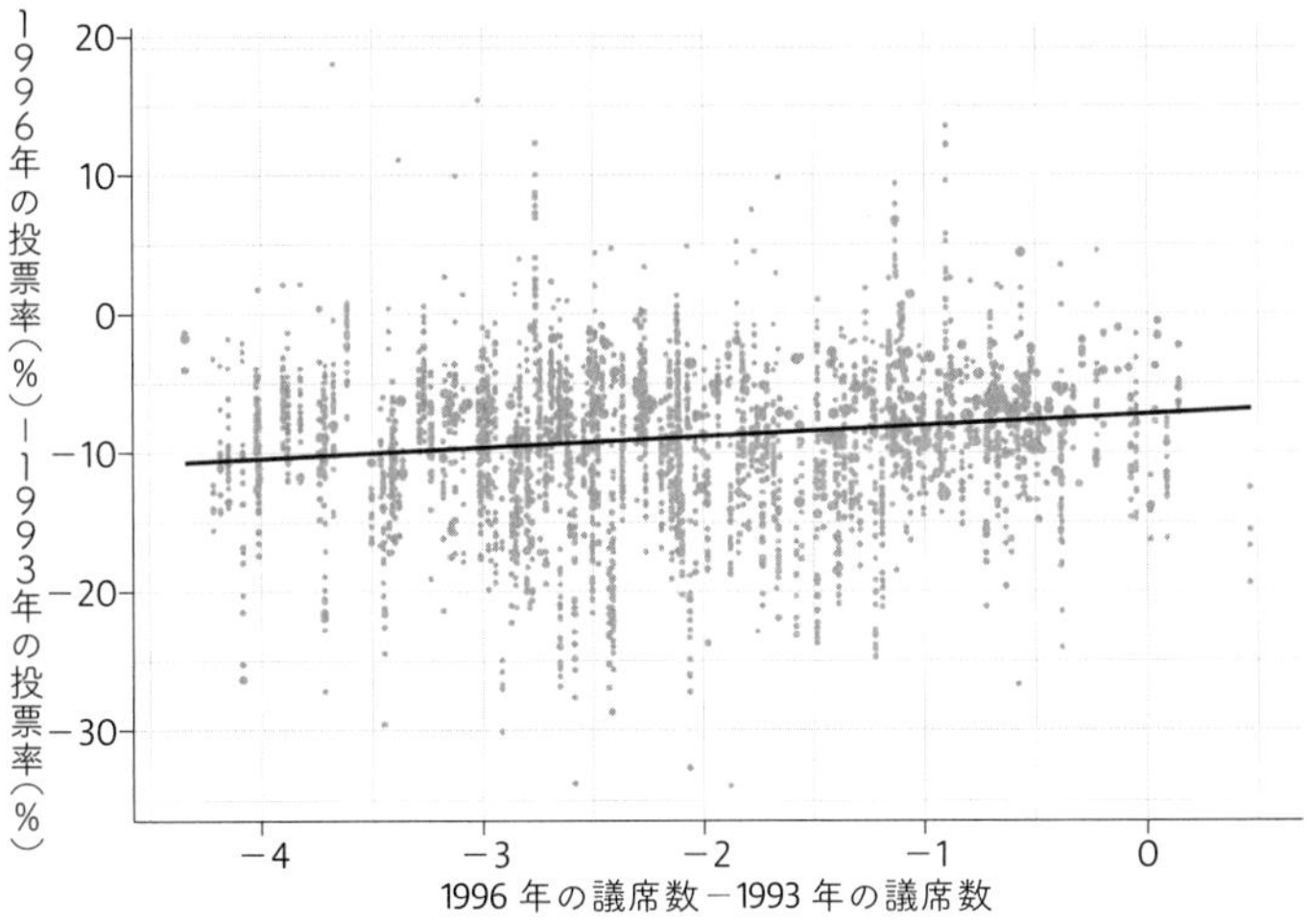

（注）　Horiuchi and Saito（2003）のデータにもとづく。

述のように、１９９６年の衆院選では有権者１００万人あたり議席数が減少したので、値がマイナスになっている自治体が多いです。縦軸については、１９９６年衆院選で投票率が上昇した自治体もあれば減少した自治体もあります。図５−６同様に、図５−７でも有権者１００万人あたり議席数が減少した自治体では投票率が減少したという正の関係を確認できます。図中の直線は回帰直線と呼ばれており、有権者１００万人あたり議席数と投票率の関係の強さを表しています。この回帰直線は、有権者１００万人あたり議席数が１減ると投票率が０・７８％ポイント減ることを示唆しています。

　最後に、ここまでみてきた「議員定数の不均衡→投票率」という関係が、地方

図５－８　選挙制度改革後に地方と都市の投票格差が縮小した

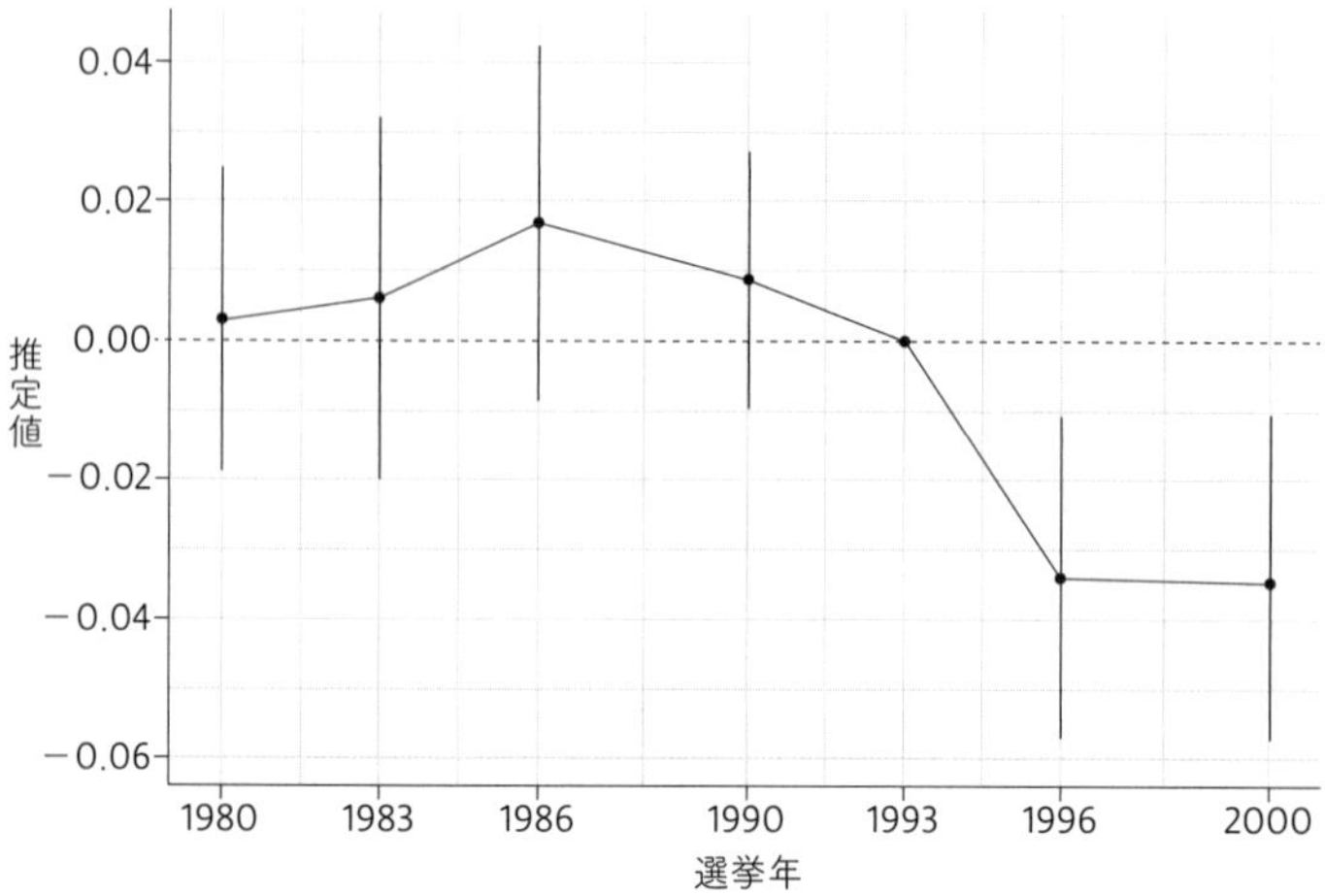

（注）　Horiuchi and Saito（2003）のデータ，JED-M データを使った分析にもとづく。

部と都市部の投票格差の縮小を説明してくれるのかを調べます。１９９３年衆院選と比べて、１９９６年衆院選で有権者１００万人あたり議席数が減少したのは主に地方部の選挙区に属する自治体でした。有権者あたり議席数が減ると投票率も減少するという関係もあります。これらを踏まえると、選挙制度改革を通じて議員定数の不均衡が是正されたことで、主に地方部の投票率が減少し、その結果、都市部との投票格差が縮小したと推測できるのです。

　実際、これを確認したのが図５－８です。この図では、次章でも使うイベントスタディという手法を用いて、都市外人口比率の高い地方部の自治体の投票率が選挙制度改革後の１９９６年以降の選挙で下落したことを示しています。イベントスタディの詳細については第6章のコラム⑥－1をみてください。図中の黒点は各衆院選時における地方部と都市部の自治体の投票率の差の推定値を意味しています。1993年が比較の基準年となっており、1990年以前の選挙では黒点が0付近に位置し、さらに縦線で示した95％信頼区間が0をまたいでいることから、選挙制度改革前には地方部と都市部の自治体の投票率は似たように推移してきたことがわかります。ところが、1996年には黒点がマイナス0・035付近に位置していて、さらに95％信頼区間の上限も0から離れています。これは選挙制度改革後には都市部と比べて地方部の自治体が3％から4％ほど下落したことを意味しています。2000年の時点でも黒丸の位置がマイナス0・035付近なので、選挙制度改革による地方部の自治体の投票率の下落は2000年衆院選でも継続していることがわかります。

6 まとめ

この章では地方部と都市部の投票格差がなぜ生じるのか、そして近年にはなぜ格差が縮小傾向にあるかという問いに答えるために、選挙区間の議員定数不均衡の役割に注目してきました。1993年までの衆院選では地方部と都市部の選挙区間で不均衡が生じていたこと、選挙制度改革後の1996年の衆院選では地方部の議席数が減少したために不均衡が縮まったこと、有権者100万人あたり議席数が増えると投票率が上がるという関係があること、そして不均衡の是正を実現した選挙制度改革が地方部と都市部の投票格差を縮小させたことを明らかにしてきました。

議席がどのように配分されるかが投票率に影響を及ぼすという関係それ自体がとても大切なことなのですが、ここで強調したいのは、投票率とは一見関係のなさそうな制度設計が実は有権者に影響を及ぼしているという可能性です。投票日の天気や投票所数が投票参加に影響を及ぼすというのは自明のように思えます。一方で、議員定数不均衡や1票の格差のように普段はまったく異なる文脈（例えば政治的平等など）で議論される制度設計が実は投票率とも関連しているという事実は、政治に関わる制度を作るうえでとても大切な知見です。ある制度を導入・維持することで思わぬ悪影響が生まれてしまうこともありうるのです。この章の議論はこの一例としてみなすこともできます。

参考文献

蒲島郁夫『政治参加』東京大学出版会、１９８８年。

堀内勇作・斉藤淳「選挙制度改革に伴う議員定数配分格差の是正と補助金配分格差の是正」『レヴァイアサン』第32号、29‒49頁、２００３年。

松林哲也「選挙制度改革と地方・都市の投票率差の縮小」『年報政治学』２０２３‒Ⅰ号、273‒296頁、２０２３年。

Horiuchi, Y. and Saito, J., "Reapportionment and Redistribution: Consequences of Electoral Reform in Japan," *American Journal of Political Science*, 47(4): 669–682, 2003.

第6章

新しい政党の参入は投票率を高める？

――政党と投票参加

1　違いを見出せない有権者

国政選挙や地方選挙の際に、「政党や候補者の違いがよくわからないから、投票に行くのをやめよう」と思ったことはありませんか？　図6‐1をみてください。この図では、2005年から2021年の間に実施された6回の衆院選で投票しなかった世論調査の回答者に注目して、「政党の政策や候補者の人物像など、違いがよくわからなかったから」や「適当な候補者も政党もなかったから」と答えた人たちの割合を選挙回別にまとめています。各衆院選において、違いがわからない、

図6−1　棄権した理由として「適当な候補者も政党もなかったから」「違いがよくわからなかったから」と答えた回答者は10から20%ほどいる

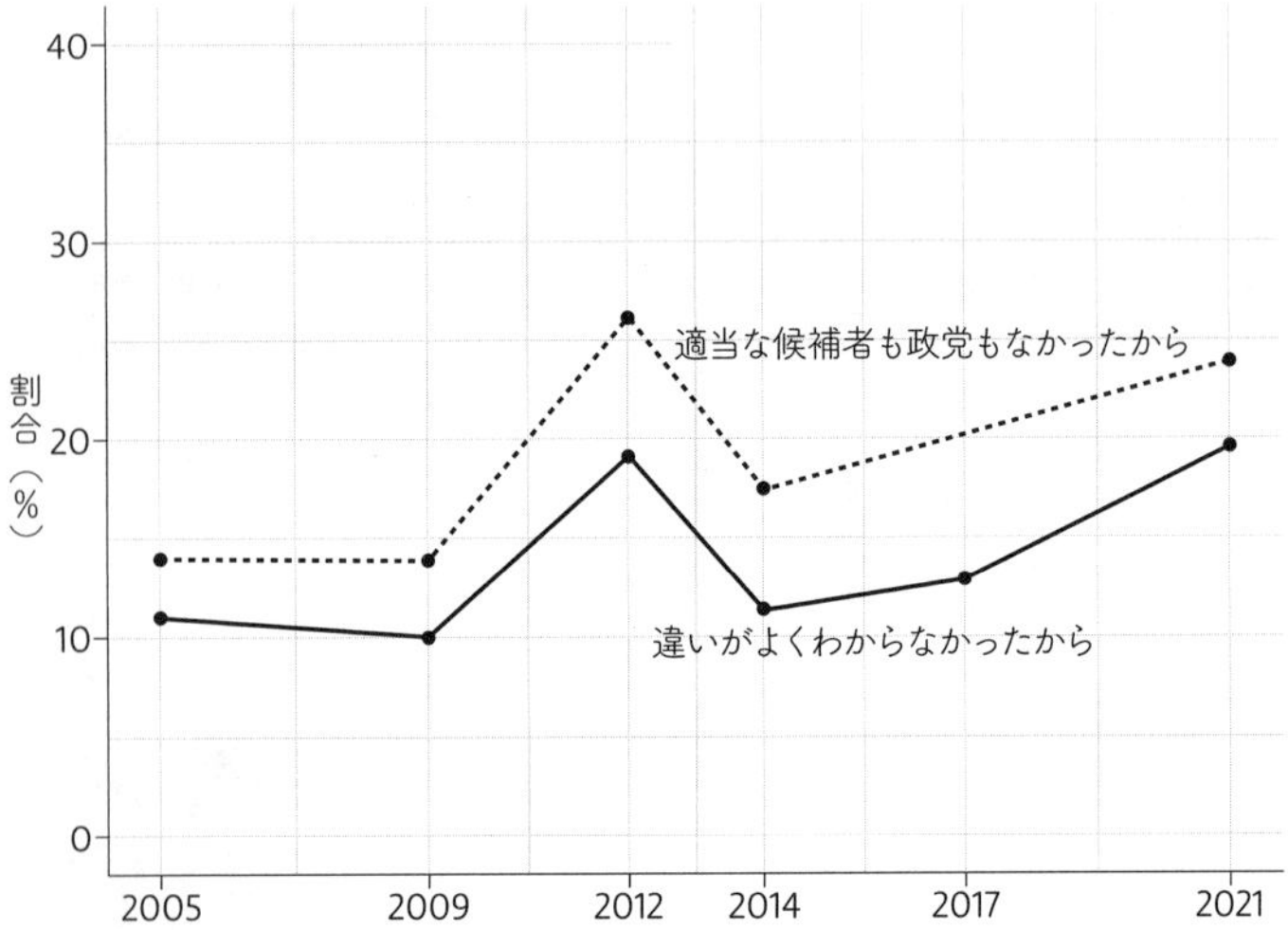

（注）　明るい選挙推進協会の衆院選後意識調査。

または投票したい政党・候補者がないから投票に行かなかった人たちが10%から20%ほどいることを示しています。つまり、誰に投票していいのかよくわからないから、あるいは誰に投票しても一緒なのだから投票に行かなくてもいいと感じる人たちが一定数いるのです。

では、このような人たちの前に新しい政党の候補者が現れたらどうなるのでしょうか。「既存政党の候補者はあんまりだけど、新政党の候補者は魅力的だから投票に行こう」という気持ちになるのでしょうか。これまでの章では、選挙期間中の天候、投票所数の増減、そして選挙区の有権者あたり議員数といった環境要因が投票参加に及ぼす影響をみてきました。ただ，選挙という題材を扱っている以上，「誰に投票するか」ということも投票参加の決断に重要な役割を果たすはずです。そこで，次節では有権者が選択肢の中身を考慮したうえで投票に行くかどうかを決めるメカニズムを検討します。このメカニズムにもとづいて，第3節では新政党が選挙に参入してきたときに投票に行く有権者が増える理由を考えてみます。第4節では衆院選における3つの政党の新規参入を例として取り上げ，新政党の参入により実際に投票率が上昇したことを明らかにします。

2　選択肢としての政党

国政選挙や地方選挙の際に有権者は「投票に行く・行かない」と「誰に投票するか」という2つの決断を下しています。どうやってこれらの決断を下すかについては，2つのタイプが考えられます。1つは，まず投票に行くと決めて，投票所に着いてから「さて誰に投票しよう」と考えるタイプです。天気もいいし家族で投票所まで歩いて行こうか，近くの投票所が統廃合でなくなって新しい投票所は遠くなったので投票に行くのをやめようか，ご近所さんが投票に行ったみたいだし自分も行こうか，といった形で投票に行くか行かないかが決まります。このタイプの有権者にとって大切なのは，投票コストや投票が生み出す社会的価値です。支持政党を持たない有権者や，普段からあまり政治に関心のない有権者はこのタイプに当てはまるかもしれません。

もう1つは、特定の政党や候補者に票を投じたいから投票に行くと決めるタイプです。つまり、自分にとって魅力的な政党や候補者がいて、彼らの当選の手助けをしたいと考えて投票に行くのです。このタイプの有権者にとって重要なのが提示される選択肢の中身です。前者のような過程を通じて投票に行くかどうかを決める有権者の場合、誰が立候補しているかはあまり大切ではありません。一方で、後者のタイプの場合、どのような選択肢が提示されているかが重要になります。自分にとって魅力的な政党や候補者がみつからないのであれば、投票コストを負担してまで投票に行く理由がなくなるからです。

衆院選の小選挙区制選挙を題材に、選択肢の中身が及ぼす影響を詳しく考えてみましょう。自分が居住する選挙区では、2つの政党の候補者AとBが立候補しているとします。例えば、自民党と立憲民主党の候補者、あるいは自民党と日本維新の会の候補者の選挙戦を想定してみてください。この選挙区の有権者は、選挙期間中にAとBという2つの選択肢の比較を行います。比較の際に考慮するのが、AとBの政策の好みや能力などです。例えば、Bと比べてAは選択的夫婦別姓制度の導入に積極的で、自分もこの制度をすぐにでも導入すべきだと考えているとします。この場合、BよりもAのほうが自分の重視する政策を実現してくれる可能性が高いので、Aに票を投じるために投票に行くのです。つまり、Aが勝つことで得られるベネフィットが大きいので投票に行きます。

同様に、この選挙区の有権者は候補者AとBの議員としての能力についても比較するかもしれません。AとBはそれぞれ新人候補者とします。Aはこれまでに地方議会での議員経験があり、それ以前には公務員として働いていたため、行政や議会での職務経験が豊富です。一方、Bはこれまでは会社員として働いてきたのですが、今回は政党の候補者公募に名乗りを上げて立候補することとなりました。そのため、政治の世界に足を踏み入れるのが初めてです。ある有権者は行政や政治の世界の経験が豊富なAのほうが議員として政策実現能力が高いとみなすかもしれませんし、別の有権者は議員としての経験がないBのほうが普通の市民の意見を代弁してくれそうなので能力が高いとみなすかもしれません。いずれにせよ、どちらかの候補者の能力がより高いから議員として頑張ってほしいと考えるのであれば、その候補者に票を投じるために投票に行きます。

自分が重視する政策や能力に関して候補者間に違いがあり、どちらか一方の候補者をより魅力的に感じるのであれば、投票することで得られるベネフィットが大きくなります。では、もし候補者間に違いが見出せない場合はどうなるのでしょう。もう一度、前述の選挙区を例として考えてみます。ある有権者は、日本の国益を守るためにはより積極的な安全保障政策が必要だと考えています。ところが、自分の選挙区の候補者AとBは両者とも憲法9条改正や軍事能力の増強に強く賛成していません。どちらの候補者も自分の望みを実現してくれる可能性がないため、投票に行っても無駄だと感じています。別の有権者は議員の性別を重視していて、女性が議員になってほしいと思っているのですが、AとBは両方男性だとします。この場合も、どっちが議員になっても違いはないので投票に行く気にはなりません。

3　新党の参入

では、2名の候補者の政策の好みや能力に違いを感じられない有権者の前に新しい選択肢が提示されたらどうなるでしょう。前述の選挙区に新たな政党の候補者が参入してきたとします。この候補者をCと呼びます。Cの参入は投票から得られるベネフィットの3つの要素（民主的手続きに参加することで得られる満足感、自分が好む政策を実現してくれそうな政党や候補者が勝利することで得られる物質的・非物質的利益、選挙の接戦度）のうち、物質的・非物質的利益と選挙の接戦度の2つに影響を及ぼすと考えられます。

まず、有権者の投票先はA、B、Cの3つに増加したわけですが、これによってAとBの間には違いを見出せなかったけれど、Cとそれ以外の候補者との間には違いを見出す有権者がでてくるかもしれません。新たな候補者Cは積極的な安全保障政策を支持しているとすると、AとBの間に違いを見出せなかった前述の有権者はCに票を投じるために投票所に向かうことが考えられます。また、このCは女性だとしましょう。女性議員の誕生を望んでいた有権者もCに票を投じるために投票に行くと決めるかもしれません。つまり、候補者Cが参入することによって、Cがいなければ棄権していたはずの有権者は、Cが参入することで投票から得られるベネフィットが増し、投票に行く可能性が高まるのです。Cの参入によってAやBを魅力的に感じていた他の有権者の投票参加が阻害されるとは考えられないので、結果としてCが参入した選挙区の投票率が上昇すると予測できます。

有権者は、選挙活動を通じて政党間や候補者間の違いを理解すると考えられます。選挙が始まれば、各候補者は票を求めて、さまざまな方法を通じて有権者に訴えかけます。候補者や運動員を乗せた選挙カーが選挙区内を周り、候補者名やキャッチフレーズを連呼します。主要な駅などで街頭演説を行うこともありますし、ビラを配布したりします。候補者AとBに加えて新たにCもこのような選挙活動を行うので、選挙活動を通じて政党や候補者について新たな情報を得たり、選挙への関心を持ったりする有権者が増えるでしょう。

さらに、新しい候補者が参入すれば選挙の競争度が高まります。新規に参入した候補者が泡沫候補でない限り、候補者が増えれば候補者間の競争は激しくなるでしょう。議席獲得をめざす各候補者の選挙活動がより活発になるのであれば、有権者は各政党や候補者について知る機会が増えます。また、各候補者の人気度に大きな差がないのであれば、誰が勝つのか予測できないという状況が生まれます。このような状況では、自分の1票が選挙結果を変える可能性がほんの少し高まります。もし自分の投じた1票で勝者が決まる可能性が高いと感じるのであれば、投票に行く気になる人が多いのではないでしょうか。

まとめると、ある選挙区において新党の候補者が参入した場合、既存の政党候補者に追加する形で有権者の投票先の選択肢が増えます。既存の政党候補者にはあまり魅力を感じず投票に行く意義を見出せなかった有権者の一部は、新規参入した政党候補者の政策や能力を魅力的に感じて、支持を表明するために投票に行くかもしれません。またこの政党は独自の選挙活動を行うでしょうし、候補者間の競争を激化させることも想定できます。このような理由から、新党の参入は投票から得られるベネフィットに影響を及ぼし、結果として投票率を上昇させると予想できるのです。

注意してほしいのは、新規参入したすべての政党の候補者がこのような効果を持つとは限らないという点です。特徴のまったくわからない新規政党や候補者が参入してきても、有権者は既存政党や他の候補者との比較ができず、魅力のある選択肢とはみなさないでしょう。これは特に非常に少数の候補者を擁立する政党や政党無所属の候補者に当てはまります。またこれらの政党や候補者は活発な選挙活動を行うだけの組織力を持たないはずなので、候補者間の競争度を高めることも考えにくいです。

4　投票率への影響

分析の題材とするのは、新政党が参入する前後の衆院選における日本各地の選挙区単位の投票率です。新政党の参入の事例として、1967年に新規参入した公明党、1993年衆院選に新規参入した日本新党、そして2012年衆院選に新規参入した日本維新の会に注目します。

これら3つの政党に注目する理由を簡単に説明します。1990年代以降の日本の政党政治は激動を経験しており、数多くの政党が誕生し衰退していきました。一定の議席を獲得してきた政党に絞っても、新生党、新党さきがけ、新進党、民主党と民進党、みんなの党などを思い浮かべることができます。これらは基本的に既存政党の現職議員が新たに立ち上げた政党であり、新規政党というよりは政党名を付け替えただけの政党だとみなせます。有権者にとって新たに魅力的な選択肢を提示できているかには疑問が残るので、この章ではこのような政党を分析対象とはしません。また、全国の有権者にあまり認知されているとは思えない小政党や無所属候補者も分析対象から外します。後述するように、公明党、日本新党、日本維新の会の3政党は衆院選に参入する前に他の選挙においてすでに一定の成果を上げていたので有権者はその特徴をある程度は認知しており、結果として意味のある選択肢を提示していたとみなせます。

分析の対象とする3つの政党は、新規に参入した際に全選挙区に候補者を擁立したわけではなく、さまざまな要因を考慮しながら候補者を擁立する選挙区を選びました。そのため、新規参入した選挙において、新政党の候補者がいる選挙区といない選挙区が誕生したのです。新政党の候補者がいる選挙区では投票先の選択肢が増えたわけですから、投票に行く有権者が増えたかもしれません。つまり、前回選挙と比べると、この選挙区では投票率が増えていると予測できます。一方で、新政党の候補者がいない選挙区では選択肢が増えていないわけですから、前回選挙と比較して投票率にも大きな変化はないはずです。架空のデータを使って、図6-2にそれぞれの選挙区の投票率の推移を例示しました。新政党候補者がいない選挙区と比べると、今回の選挙で新政党候補者が参入し

図6－2　新政党の参入は全国的に投票率を押し上げるかもしれない
（架空のデータを使った例示）

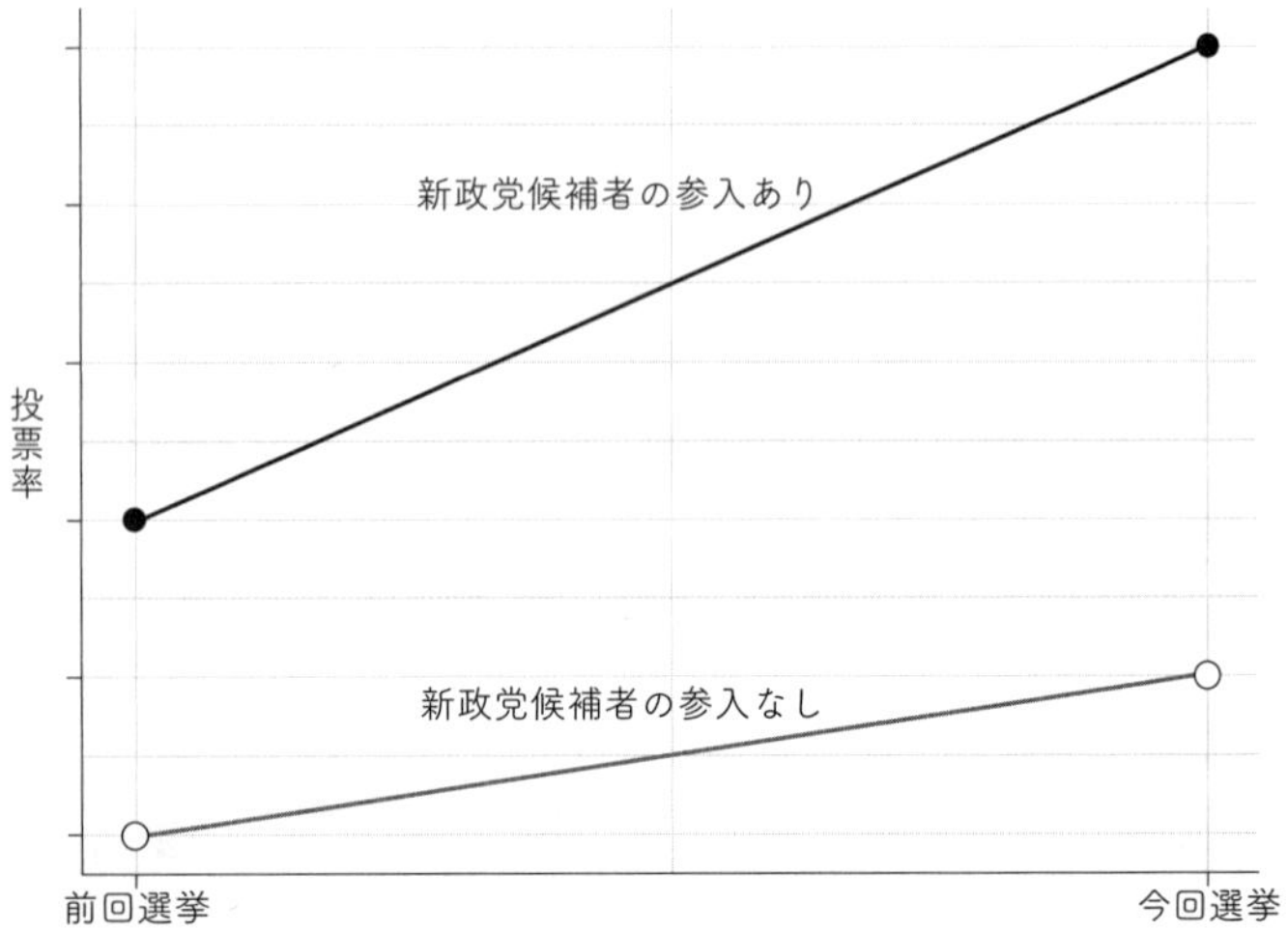

た選挙区では投票率が大きく上昇していることを示しています。

ここで注意してほしいのは、図6－2で示しているように、今回の選挙で新政党候補者がいない選挙区でも投票率が若干上昇しているという点です。これは、全国的な新党ブームで有権者の選挙への関心が高まり、その結果として前回選挙と比べると投票率が全国的に高まった可能性を考慮しているからです。つまり、新政党候補者がいない選挙区と新政党候補者がいる選挙区の両方で新党ブームのおかげで一律に投票率が上昇したということです。これは何を意味するかというと、図6－2の新政党候補者がいる選挙区の投票率の上昇は①その選挙区への新党候補者の参入の影響と②全国での新党ブームの影響の両方を反映している可能性があるということです。

そこで、②の全国レベルの新党ブームの影響を取り除くために、新政党候補者がいない選挙区の投票率の変化を利用します。新政党候補者がいない選挙区の投票率の変化は新党ブームの影響をそのまま反映しているのであれば、

新党候補者が参入した選挙区の投票率の前後変化
－新党候補者が参入しなかった選挙区の投票率の前後変化

を求めることで、①の新党候補者の参入の影響を明らかにするのです。前後変化とは、前回の選挙と今回の選挙の変化を意味します。この手法を差の差法と呼びます。

以下では、最近の事例である日本維新の会から時代をさかのぼって各新政党の参入の歴史的背景をそれぞれ簡単にまとめ、さらに差の差法を使って各新政党の参入が投票率に与えた影響を明らかにします。

日本維新の会

2012年12月の衆院選において初めて国政選挙に進出した日本維新の会の組織的母体は、大阪府内の地域政党であった大阪維新の会です。大阪維新の会は、2010年当時大阪府知事を務めていた橋下徹と大阪府議会議員を務めていた松井一郎を中心に結成されました。結成後、大阪府下の

選挙でいくつもの成功を収め、２０１１年秋の大阪府知事選挙と大阪市長選挙では松井一郎と橋下徹がそれぞれ当選を果たしました。２０１２年には国政進出することを決定し、12月に実施された第46回衆院選小選挙区選挙には全３００選挙区のうち１５１選挙区で公認候補を擁立しました。

日本維新の会による候補者擁立は有権者に新たな選択肢を提供することとなったのでしょうか。結成時、日本維新の会には他党から数名の国会議員が合流しました。加えて、選挙直前には太陽の党と合流し、少数名の国会議員が日本維新の会に加わることになりました。ただ、２０１２年の小選挙区候補者１５１名のうち新人は１２８名にのぼるため、既存政党に属する国会議員が新たな政党名のもとで議席を争うというケースには当てはまりません。また、２０１２年までの大阪府内の選挙で大きな成功を収めており、また２０１２年衆院選では比例区選挙において１２００万票を超える票を獲得しているため、自民党や民主党などの既存政党と同等に「投票先として意味のある」選択肢として有権者に認知されていたといえるでしょう。

日本維新の会が投票率に及ぼした影響を調べるためには、日本維新の会の候補者が参入をした１５１の選挙区と参入しなかった１４９の選挙区の投票率の前後比較を行う必要があります。２０１２年に日本維新の会は衆院選に進出したので、その直前の２００９年衆院選を比較対象にします。図６‐３上部では全国レベルでの投票率の変化の影響を考慮したうえで、日本維新の会の参入が投票率に与えた影響を明らかにしています。具体的な分析の中身についてはコラム⑥‐１を参照してください。

図６－３　新政党候補者の参入は投票率上昇につながる

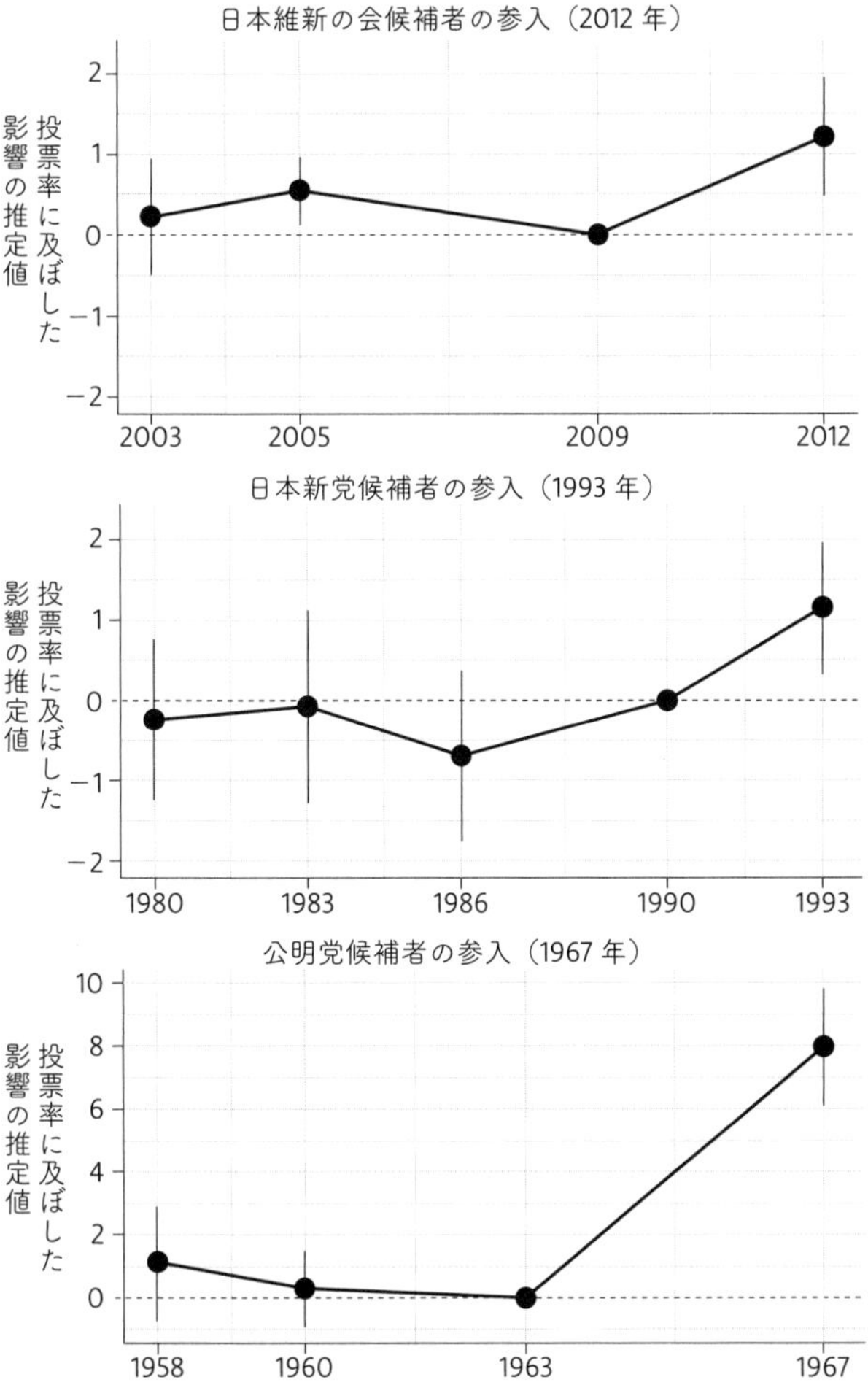

（注）JED-M データを使った分析結果にもとづく。

注目してもらいたいのは２００９年の黒丸と２０１２年の黒丸です。２００９年から２０１２年にかけて黒丸が１・２５ポイントほど上昇していますが、これは日本維新の会が参入しなかった選挙区と比べて、参入した選挙区では投票率が１・２５％ポイント上がったことを意味しています。つまり、日本維新の会による新規参入は投票率を上げる効果があったのです。

２０１２年の黒丸の周辺に描かれている黒線は95％信頼区間です。信頼区間の下限がゼロから遠く離れていることから、この上昇は統計的に有意といえます。なお、図６－３上部では２００３年と２００５年衆院選も分析対象としましたが、この分析の意味に興味がある方はコラム⑥－１を参照してください。

コラム⑥－１　イベントスタディを用いた新党効果の分析

図６－３では、３つの新党の参入後の衆院選において、新党候補者が参入した選挙区で投票率が上昇したことを示しました。この分析結果は差の差法という手法にもとづいています。「投票率が上昇した」と主張するためには比較対象が必要となりますが、その対象は新党参入前の衆院選です。新党参入前と比べて、新党候補者が参入した選挙区で投票率が上昇したという意味です。

もう１つ重要なのは、この上昇が本当に新党候補者の参入によってもたらされたかどうかを確認することです。新党候補者が参入した選挙区でも参入しなかった選挙区でも投票率が同じ程度に上昇したのであれば、新党候補者の参入は投票率上昇とは関係がありません。ここでの分析では、新党候補者が参入しなかった選挙区の投票率と比べて、新党候補者が参入した選挙区の投票率の上昇がより大きかったと示すことで、新党候補者の参入が背後にある原因であることを明らかにしています。

　ただそれでも懸念が残ります。そもそも新党が候補者を擁立する選挙区を選ぶのは戦略的な決断です。新党側としては勝てそうな選挙区に候補者を擁立したいはずです。どの選挙区で勝つ可能性があるかを判断する1つの基準が投票率かもしれません。最近の選挙で投票率が上昇傾向にあれば、新しく投票するようになった有権者を支持者として取り込めるかもしれないからです。つまり、新党参入後に投票率が上昇したという結果は、実は新党候補者が参入した選挙区では以前から投票率が上昇傾向にあったという事実を反映しているだけかもしれないのです。

　そこで重要になるのが新党参入以前の投票率を比較することです。新党参入以前には新党候補者が参入した選挙区と参入しなかった選挙区で投票率の推移に違いがなければ、新党候補者が参入した選挙区における新党参入後の投票率上昇が新党による可能性が高まります。投票率の推移を比較するために、イベントスタディという手法を用いました。図6-3の日本維新の会の図をみてください。2009年以前では、投票率の推移に大きな違いはありません。これらの衆院選では新党候補者が参入した選挙区と参入しなかった選挙区で投票率が大きく異ならなかったことを意味しています。日本新党や公明党についても新党参入以前は大きな差がみられません。これらの分析から新党参入が投票率上昇をもたらしたという結論を導くことができるのです。

　以下ではイベントスタディの技術的な詳細を説明します。日本維新の会の分析の場合、300の衆院選小選挙区データを用いて以下の回帰モデルを推定しました。

$$y_{jt} = \Sigma_{\tau}^{-\tau} \alpha_{\tau} New_{jt+\tau} + \Sigma \beta_{K} Other_{jt} + \theta pop_{j} \times \delta_{t} + \mu_{j} + \gamma_{t} + \epsilon_{t}$$

この式において、y_{jt}は選挙年tにおける選挙区jの投票率、$New_{jt+\tau}$は日本維新の会の参入の有無を意味するダミー変数、pop_jはデータの開始時点の選挙年の小選挙区の有権者数、$Other_{jt}$は選挙区jにおける他の主要政党の候補者の有無（あるいは数）、μ_jは選挙区固定効果、γ_tは選挙年固定効果、ϵ_tは誤差項です。$New_{jt+\tau}$に付属するτは2009年をベースラインとするリードおよびラグダミー変数です。本文中では2009年と2012年の比較を念頭に説明を行っていますが、実際には分析期間を2003年から2012年と設定しました。2003年と2005年のデータは、後述するように平行トレンド仮定の妥当性を確認するために使っています。なお、この期間を選んだのは、これら4回の衆院選では選挙区の区割り変更がなかったからです。標準誤差は選挙区を単位としてクラスター化処理しました。

分析では、交絡変数として、$Other_{jt}$として自民党候補者の有無、そして民主党候補者の有無の影響を考慮しました。また、各選挙区の人口動態のトレンドが投票率に及ぼす影響を考慮するために2009年時点のpop_jと年固定効果の交差項を投入しました。

図6-3で示す投票率の上昇が日本維新の会の参入によるものであるというためには、平行トレンド仮定が満たされているかどうかが大切になります。この仮定は、「もし日本維新の会が2012年に151の選挙区に候補者を擁立しなかったのであれば、これら151の選挙区ともともと候補者が擁立されなかった149の選挙区の投票率の推移が似通っている、つまり投票率の推移=トレンドが

平行である」というものです。「日本維新の会が候補者を擁立しなかったら」というのは架空の話なので、この仮定は直接に確認できません。そこで、2009年以前にはこれら2種類の選挙区の投票率の推移がほぼ同じであるかどうかを確認することで、仮定の妥当性をチェックするのです。実際、図6-3ではその妥当性はある程度確認できます。同様の分析方法を、日本新党と公明党の分析でも用いました。

日本新党

次に、少し時代をさかのぼり、1993年7月の衆院選で初めて候補者を擁立した日本新党の参入の影響をみてみましょう。日本新党は元参議院議員・元熊本県知事であった細川護熙が1992年に立ち上げた政党です。5月の結党宣言に続いて7月の参院選には17名の公認候補者を擁立し、そのうち4名が議席を得ました。1993年7月の衆院選では全国129の中選挙区のうち57選挙区に候補者を1名ずつ擁立しました。前年の参院選で一定の成功を収めていたこと、そして政治改革の期待を背負って衆院選でも約500万票を獲得したことを考慮すると、自民党や社会党と並んで、日本新党が候補者を擁立した選挙区では有権者は新たな選択肢を手にしたと考えられます。

日本維新の会の分析と同様に、ここでも日本新党が参入する直前の1990年衆院選と1993年衆院選の比較を行います。日本新党が参入しなかった選挙区と比べて、候補者を擁立した選挙区では投票率が上昇したかどうかを確認したいのです。なお、これらの衆院選は中選挙区制のもとで行われた選挙です。各政党は複数の候補者を擁立することが可能なので、分析では自民党や社会党の候補者数を考慮に入れています。中選挙区制の概略については第5章をみてください。また、1993年には日本新党以外に新生党や新党さきがけといった政党が新規に参入しました。これらの新政党が候補者を擁立したかも考慮します。

図6－3の中部は日本新党の参入が投票率に及ぼした影響を示しています。図の右側に注目してください。1990年から1993年にかけて図中の黒丸が1・00ポイントほど上昇しているのがわかります。これは日本新党が参入しなかった選挙区と比べて、参入した選挙区では投票率が1%ポイントほど上がったことを意味しています。日本新党の参入は日本維新の会と似たような影響を投票率に与えたようです。

公明党

最後に、さらに時代をさかのぼって、1967年の第31回衆院選における公明党参入と投票率の関係をみてみます。公明党の組織的母体は宗教団体である創価学会です。1955年以降数年間にわたり、創価学会は主に地方選挙や参院選において学会員を無所属候補者として擁立しました。1961年には公明党の前身である公明政治連盟を発足させ、1962年の参院選では9名を当選させました。さらに、1964年には公明政治連盟を改組し、公明党を結党しました。公明党は1965年参院選において11人を当選させたあと、1967年の衆院選にも初めて参入し、全123選挙区のうち32選挙区で候補者1名を擁立し25名を当選させたのです。

公明党の参入も投票率に影響を及ぼしたと考える十分な根拠があります。１９６７年以前の国政選挙や地方選挙においてすでに一定の成果を収めており、１９６７年の衆院選時点でも有権者の目には公明党候補者は有力な選択肢と映ったと考えられます。ただし気をつけないといけないのは、公明党に対して拒否感を持つ有権者も多いことです。一定の有権者が投票したくない政党として共産党と公明党の名前を挙げることから、もしかしたら参入時点でも公明党候補者は意味のある選択肢としてはみなされなかったかもしれません。

むしろ強調したいのは、公明党の組織力です。創価学会は１９５０年代から60年代にかけて積極的な勧誘活動を行っており、１９６７年時点では学会に属する世帯数は６００万を超えていたとされています。候補者を擁立した選挙区においてこれらの世帯に所属する有権者に対し集票動員活動を行ったと考えられるため、その結果として投票率が上昇したと予測できます。

実際、図６－３下部は公明党参入が投票率に大きな影響を及ぼしたことを示しています。１９６３年と比べて、１９６７年の衆院選で公明党候補者が参入した選挙区では投票率が約８％ポイントも上昇しています。日本維新の会や日本新党の参入効果と比較すると、公明党参入の効果は非常に大きかったのです。なお、１９６３年と１９６７年衆院選の間に選挙区の区割り変更があったため、対象となった選挙区は分析から除外しています。またこれらの衆院選は中選挙区制で実施されたため、他党の候補者数などの影響は考慮したうえで分析を行いました。

5 まとめ

この章では選挙区への新政党の参入が投票率に影響を及ぼすかを検討してきました。投票したい政党や候補者がいないと感じていた有権者に有力な選択肢を与え、また新政党の候補者が熱心に選挙活動を行うので選挙の競争度が高まるというメカニズムが背景にあると考えられます。実際に、日本における3つの新政党の参入を対象とした分析を行ったところ、新政党の参入により投票率が1%ポイントほど（公明党の場合は約8%ポイント）上昇することが確認できました。

この章の議論や分析が教えてくれるのは、やはり政治の大切さです。投票率の低さの原因を探るとき、その候補としてたびたび指摘されるのが有権者の関心の低さです。これだと有権者だけが悪者のように聞こえてしまいますが、関心が低いことの原因はもう一方の当事者である政党や候補者の側にあるということもできます。魅力的で有力な新選択肢が有権者に示されれば投票率が高まる可能性がある以上、投票率向上には政党や候補者の努力も不可欠なのです。

参考文献

善教将大『維新支持の分析――ポピュリズムか、有権者の合理性か』有斐閣、２０１８年。
Heath, O. and Ziegfeld, A., "Electoral Volatility and Turnout: Party Entry and Exit in Indian Elections," *The Journal of Politics*, 80, 570–584, 2018.

第7章

女性議員が増えると投票率は上がる?

——議員属性と投票参加

1 女性議員は少ない

あなたがお住まいの地域から選出されている衆議院議員や都道府県知事の顔を思い浮かべてくださ い(知らない場合は検索して調べてくださいね)。その議員や知事は女性ですか、あるいは男性ですか? ほとんどの方の答えは「男性」になるはずです。

男性政治家の顔を思い浮かべるのには理由があります。女性政治家が少ないからです。図7-1は過去30年間の国会と地方自治体議会における女性議員比率を示しています。国会や自治体議会に

図7−1　女性議員は増えているがまだまだ少ない

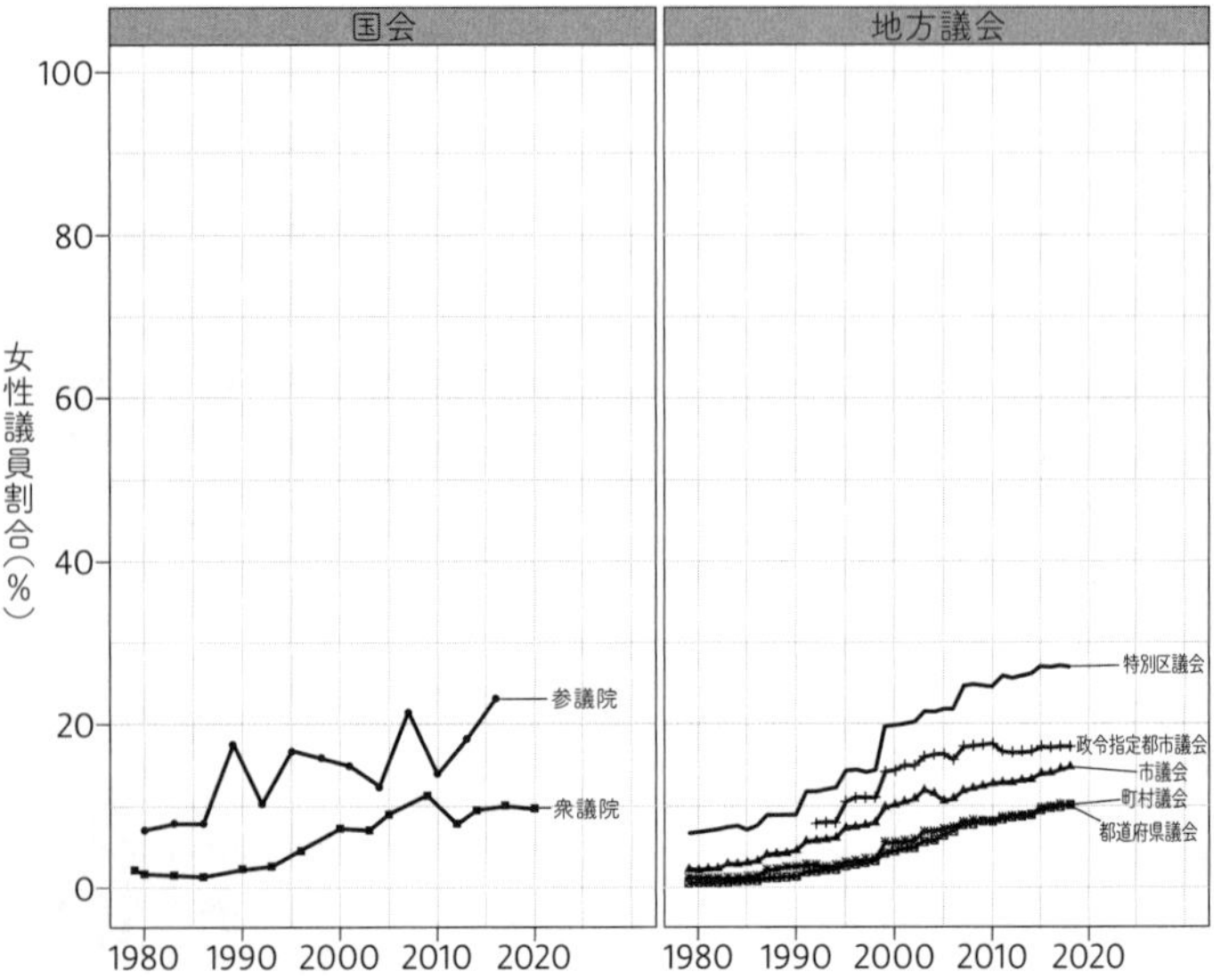

（注）『男女共同参画白書』のデータにもとづく。

占める女性議員の比率は少しずつ増加しているのですが、２０２０年時点で衆議院、都道府県議会、町村議会では女性議員は全体の約１０％を占めるのみです。比較的比率の高い参議院や東京都の特別区議会でも、女性議員の比率は４分の１ほどしかいません。都道府県知事の場合、過去数十年間で３００名以上の人物が知事として選出されているのですが、そのうち女性はたった７名です。

　女性の議員や知事が少ないという日本の現状は２つの疑問を生じさせます。１つ目は、そもそも政治の場でなぜ女性が少ないのかという疑問です。日本社会の男女の人口比はほぼ半々なので、議会内の男女議員比率が半々に近づいてもおかしくありません。女性が候補者として選挙に出馬したり当選したりすることを阻むなんらかの要因があるはずです。どのような要因が背後にあるかを探るのは非常に大切なことなのですが、投票参加に注目する本書の趣旨から外れてしまうため、ここでは脇においておきます。

2つ目の疑問は、もし女性議員が増えたら政治になにか変化が生じるのかというものです。国内では、徐々にではありますが、女性議員の比率が増加しています。また、国外では、女性議員の比率向上をめざしてクオータ制を導入した国や政党がいくつもあります。クオータ制のもとでは、候補者や議席に占める女性の割合が事前に定められた最低限の基準を満たすことが求められます。この基準が高く設定されている国や政党では女性議員の比率が高まります。女性議員は政策の優先順位やその内容について男性議員とは異なる好みを持っているのであれば、女性議員が増えることで議会が生み出す政策に違いが生じるかもしれないのです（女性の議会進出を難しくする要因や女性議員の増加が政策に及ぼす影響に関しては松林〔2023〕をみてください）。

加えて、女性議員が増えることはわたしたち有権者にも直接の影響を及ぼすかもしれません。次節で詳しく紹介するように、議会内の女性議員比率が増加することで、政治や議会に対する有権者のイメージが向上することが考えられます。その結果、有権者は政治に関心を持つようになったり議会内で自分の意見をしっかり聞いてもらえると感じたりし、結果として投票に参加するようになる可能性があります。つまり、女性議員が増えることで投票率が高まるかもしれないのです。

この章では、東京都の23の特別区議会の男女議員比率に注目して、女性議員の増加と投票率にはなんらかの関係があるかを検討します。次節では女性議員の増加が有権者の心理や行動にどのような影響を及ぼすかについてのメカニズムを考えます。第3節では、分析の対象である東京都の23の特別区議会における男女の議員比率をみてみます。第4節では女性議員の増加が投票率に及ぼす影響を明らかにするための分析方法を説明し、分析結果をまとめます。

2　議員属性と投票参加

これまでの章での議論や分析では、有権者を取り巻くさまざまな環境の変化が投票率の増減につながることを示してきました。その背後にあるロジックとして注目してきたのが投票参加に関わるコストとベネフィットです。投票コストの増加につながるような環境変化は投票率を低下させる、そしてベネフィットの増加につながるような環境変化は投票率を上昇させると想定してきました。投票のコストとベネフィットを比較して投票に行くかどうかを決める、という一連の意思決定プロセスの背後には暗黙の仮定があります。それは、有権者が政治への信頼感や効力感を持っているという仮定です。

政府や政治家は自分のような有権者の意見をまったく聞いてくれない、自分の希望を理解してくれそうな議員が全然いないと感じている有権者を想定してください。自分の存在をなかば無視した形で政府や議会がいくつも決定を下しているのをみると、この有権者はその決定に対して正当性を感じなくなり、政府や議会のやっていることを信頼しなくなるでしょう。また自分のことを顧みてくれそうな議員が選ばれる可能性がほぼないのであれば、この有権者は自分が投票に行く価値を見出せなくなるはずです。政治への信頼感や効力感が失われてしまえば、そもそも自分が政治に関わる意味、つまり選挙で投票する意味がなくなってしまいます。政治への信頼感や効力感があってこそ、はじめて投票に行くかどうかを迷う（つまり投票のコストやベネフィットを考え始める）のです。

政治への信頼感や効力感に影響を及ぼす環境要因の1つが議会内の議員構成です。議員は党派以外にも年齢や性別などさまざまな社会経済的属性で特徴づけられます。どのタイプの議員が何人選ばれるかで議会内の平均的な議員属性も変化します。比較的年齢の低い議員が何人も選出されれば、議会内の議員の平均年齢は下がります。同様に、女性議員が何人も選出されれば、議会内の男女比率に変化が生じます。より多くの女性議員が選ばれるほど議会内と社会全体の男女比率が近づきます。以下では、性別という属性に焦点を当てて議論を進めていきます。なお、以下の議論は性的指向にもとづく議員構成の影響にも拡張することができます。

議員と同様に有権者も性別で特徴づけられるため、議員と有権者の性別の重なりが政治への信頼感や効力感に影響を及ぼす可能性があります。前述のように、日本の国会や地方議会では女性議員の割合が1割から2割という状態が続いてきました。人口に占める男女比は1：1であるにもかかわらず、議会内では男女比率が9：1から8：2というように女性が過少にしか代表されてこなかったのです。

このような状況は、女性有権者の信頼感や効力感を低下させるかもしれません。女性議員が少ないということは、性別に関わらず重要な政策（例えば景気対策、税政策、教育政策）について男性議員が主体となって決定を下すのみならず、女性にとって重要な政策（例えば性別間の平等、選択的夫婦別姓、性暴力やセクハラ、女性の健康に関わる政策）についても男性議員がなかば勝手に判断を下してしまうような状態を意味します。女性有権者の望みやその切実さは男性議員よりも女性議員のほうがよく理解しているはずなので、女性議員が少なければ女性有権者は自分の意見を代表してくれる議員がいないし、自分の意見は政策に反映されないと感じるでしょう。その結果、議会の決定や政治そのものへの信頼が低下してしまいます。自分が投票に行ってもこの状況が変えられないと感じるのであれば、無力感のために積極的に投票に行こうという気持ちにもならないでしょう。

女性議員が増えることで、これまで過少にしか代表されてこなかった女性有権者の信頼感や効力感が少しずつ向上するかもしれません。同性の議員が増えると、女性有権者の望みやその切実さが議会内で共有され政策に反映される可能性が高まります。また、自分の意見は政策には直接に反映されないかもしれませんが、少なくとも自分の意見を代弁してくれそうな女性議員が政策形成過程に加わることで議会や政治への信頼が高まります。さらに、女性議員の活躍がロールモデルとなりさらなる女性候補者の参入を促すことで、女性有権者は自分の意見を代表してくれそうな女性候補者を支持するために投票に行くようになることも考えられます。

女性議員が増えることは、男性有権者の信頼感や効力感にも影響を及ぼすかもしれません。女性議員が増えれば男性議員が減るので、男性有権者にとっては不利な状況が生まれるようにもみえます。ところが、これまで過少にしか代表されてこなかった女性議員が増えることは、政治や議会がオープンで包摂的であるという印象を男性有権者に与えます。男性有権者は男性であるという以外にもさまざまな特徴を持つので、それらの特徴から派生する望み（例えば、子育て世代であれば保育や初等教育への支援）に対しても議会は聞く耳を持つのではと感じるのです。加えて、男性議員と比べると女性議員は清廉でフレッシュな印象を与えるので、このような特徴を持つ女性議員が増えることは議会全体への信頼や手続きの正当性への評価を高めてくれるのです。その結果、男性も投票に行く可能性が高まるのです。

ここまでの議論から、以下のような仮説を導くことができます。女性議員の比率が増えることで男女有権者の政治に対する信頼感や効力感が高まり、その結果、投票率が上昇すると予測できます。次節以下ではこの仮説を東京都の23区議会の選挙結果データを用いて検証します。

3　東京都23区の区議会における女性議員

図7－1が示すように、東京都23区の特別区議会における女性議員比率は国内で最も高く、2019年時点では区議会議員のうち3割弱が女性です。区議会では過去30年間に女性議員の比率は着

実に増加しており、女性議員の増加が投票率に与える影響を調べるには理想的な状況を作り出してくれます。

23区議会における女性議員の特徴を詳しくみてみましょう。データとして用いるのは1999年以降に23区で実施された117の区議会議員選挙の結果です。22区の区議会議員選挙は統一地方選挙が開催される1999、2003、2007、2011、2015、2019年に実施されてきました。葛飾区は例外で、2001年から4年おきに区議会議員選挙が行われています。1999年以降には合計で138の選挙がありましたが、そのうちで必要な情報を入手できたのが117の選挙です。

区議会議員選挙結果には氏名、各候補者の得票数、当落情報、性別などが含まれています。これらの情報を使って、まず各区議会における全議員に占める女性議員（当選した女性候補者）の比率を求めました。図7－2は1999年以降の推移を区別にまとめています。全体的に比率の推移が右肩上がりなので、多くの区で女性議員が増えていることがわかります。女性議員比率が特に高いのは文京区で、2011年以降は40％に達しています。一方で、女性議員比率が低いのは台東区議会と葛飾区議会で、2000年代前半にはそれぞれ5・8％と12・5％でした。ただし、葛飾区では2021年の選挙では比率が急激に上昇して35％となっています。

図7－3は女性候補者比率を横軸に、女性議員比率を縦軸に配置した散布図です。図には45度の対角線を加えています。対角線上にポイントが位置する場合、全候補者と全議員に占める女性比率

図7－2　23区では女性議員比率が上昇傾向にある

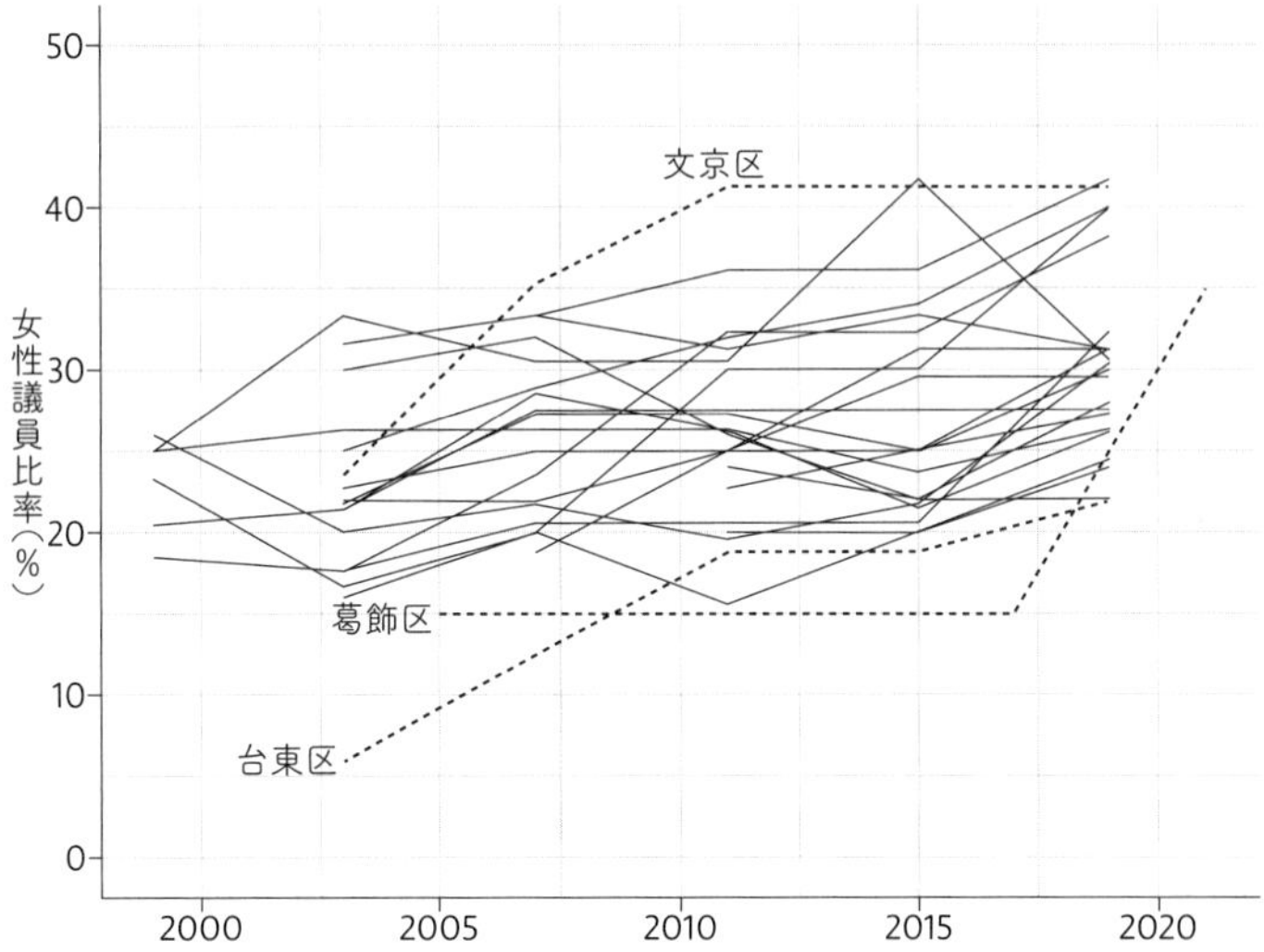

（注）　東京都区議会選挙結果にもとづく。

が一致していること、つまり男女とも似たような確率で当選することを意味します。対角線よりも下にポイントが位置する場合、男性候補者に比べて女性候補者が当選する確率が低いことを意味します。逆に対角線よりも上にポイントが位置する場合、男性候補者に比べて女性候補者が当選する確率が高いことを意味します。図7－3ではポイントの多くが対角線よりも上に位置していることから、男性候補者と比べると女性候補者は選挙に強い傾向を持つことがわかります。

　別のデータでも女性候補者の強さを確認できます。この章で注目している117の区議会議員選挙で当選した女性議員の割合は26％です。ただし、得

図7－3　女性候補者は選挙に強い

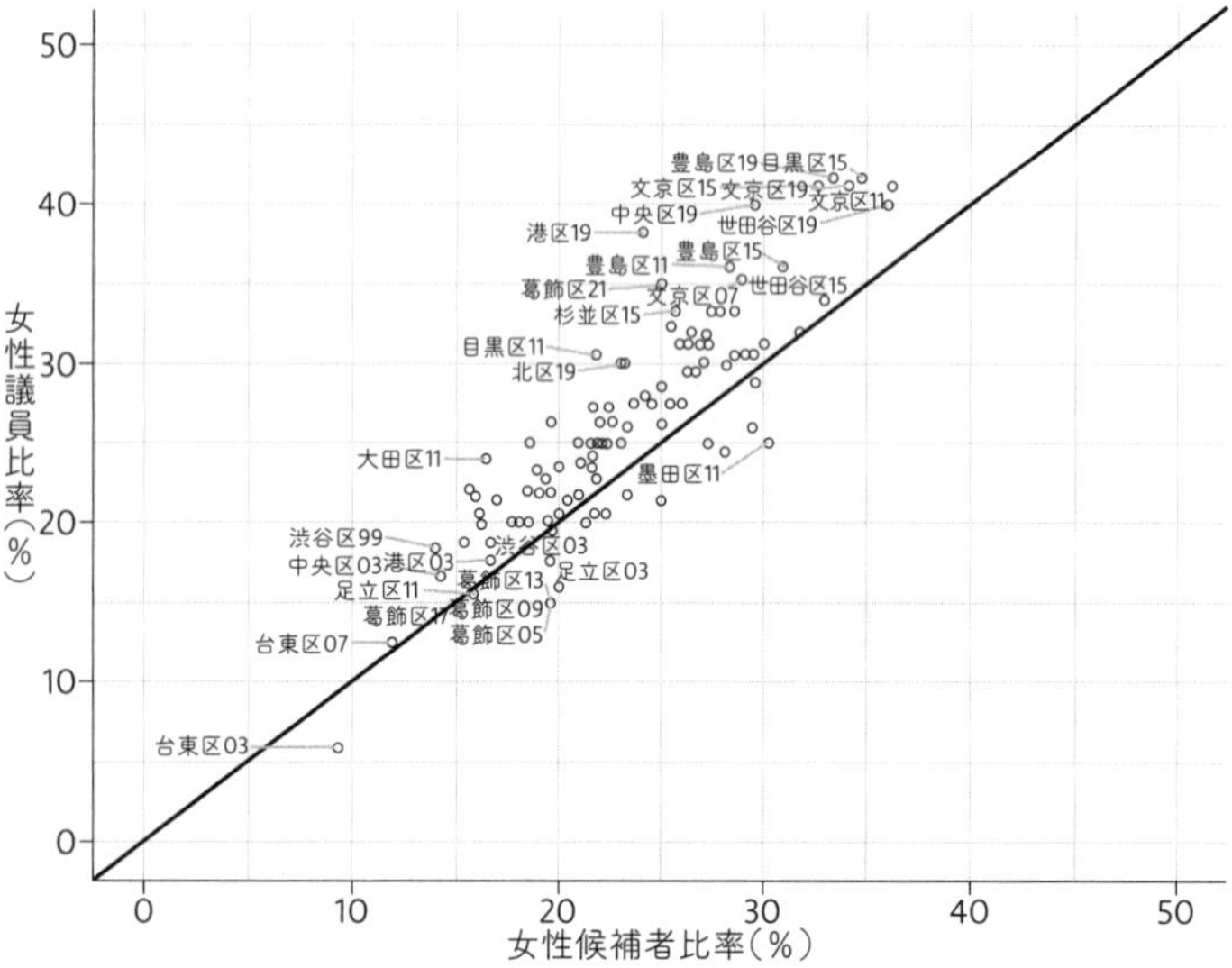

（注）　区議会議員選挙結果にもとづく。区名に続く数字は選挙年を意味する。

票数で上位50%のうちに当選した女性議員（例えば定数20であれば上位10名の候補者）の割合は31%です。つまり男性候補者と比べると、女性候補者は得票数でも上位に組み込む可能性が高いといえます。

　このように、東京都の区議会では女性が積極的に候補者として選挙に参入し、さらに当選しています。多くの区で女性議員が増加しているので、この変化を使って女性議員比率が上昇することで男女の投票率も上昇するのかを調べます。

4　投票率への影響

投票率は各区内の投票区別に測定

します。投票区はみなさんが選挙当日に訪れる投票所を中心とする地理的単位です。区内には複数の投票区が設けられます。例えば、2019年の区議会議員選挙時点で世田谷区には114の投票区（この投票所数は23区内で最大）があり、各投票区には平均で6530人の有権者がいました。各投票区では男女別および総投票率が記録されています。以下で使用するデータにおける女性投票率の最小値は14・8％、平均は42・7％、最大は72・9％です。男性投票率の最小値は15・9％、平均は40・6％、最大は75・2％です。

女性議員比率が高いことを目にした男女有権者は政治に対する信頼感や効力感が高まり、その結果投票率が上昇するという仮説を調べることが最終的な目的です。そこで、各区の区議会議員選挙結果データから求めた女性議員比率を投票区別投票率と組み合わせる必要があります。ここでは、ある年の区議会議員選挙で決まった女性議員比率が次回の区議会議員選挙の投票率に影響を及ぼすと考えます。例えば、1999年の区議会議員選挙で決まった女性議員比率が2003年の区議会議員選挙の投票率に影響を及ぼすと想定するのです。以下の分析では75の区議会議員選挙（1999年から2017年）で決まった女性議員比率と4245の投票区（2003年から2021年）での投票率を組み合わせたデータを使用します。ある年の区議会選挙で決まる女性議員比率が次回区議会選挙での投票率に影響を及ぼすと想定していること、そしてある区の女性議員比率はその区内に設置される複数の投票区の投票率に等しく影響を及ぼすと想定していることに注意してください。

これらのデータを使って女性議員比率が投票区別投票率に及ぼす影響を調べるには工夫が必要で

す。女性議員比率が高い区議会がある投票区と比率が低い区議会がある投票区を比べて、前者の投票率が高いかどうかを確認すればいいのですが、この比較はうまくいきません。というのも、女性議員比率が高い区と低い区は他にもいろいろな違いがあるかもしれないからです。図7－2では文京区と台東区はそれぞれ女性議員比率が高い区と低い区であることを示しましたが、これらの2つの区は住民構成や産業構造などが大きく異なります。そのため、台東区と比べて文京区の投票率が高いとしても、これが女性議員比率の違いによってもたらされたのか住民構成などの違いによってもたらされたのかが判断できません。

そこで、今度は異なる区を比較するのではなくて同じ区内の比較を行うことを考えます。文京区では2000年代と比べると、2010年代に女性議員比率が高くなりました。例えば文京区内で女性議員比率の低い2003年の投票区投票率と比率の高い2019年の投票区投票率を比べれば、時点は異なっているけれど同一の文京区有権者という似た者同士を比べていることになります。ただし、この比較にも難点があります。女性区議会議員が増えているということは、女性進出に積極的な考えを持つ若い世代などが文京区に流入していることが考えられるので、2003年と2019年では女性議員比率以外にも住民構成が異なっている可能性を否定できません。つまりそれら2時点での投票率が異なっていても、それが女性議員比率の変化によってもたらされたのか住民構成などの変化によってもたらされたのかが判断できません。

これらの問題を解決するためにこの章では操作変数法という手法を用います。この手法の詳細な手続きはコラム⑦－1をみてください。この方法で注目するのは、区議会議員選挙での議席をめぐる熾烈な争いです。特に得票数の順位で定数最後にギリギリに滑り込んで当選する候補者と、ギリギリで及ばす落選してしまった候補者のペアに注目します。1999年以降の117の区議会選挙では、これらの候補者間の得票数差の平均は76票、得票率差の平均は0・12％です。なかには1票差で当落が決まった選挙もありました。つまり、ギリギリ勝った候補者と負けた候補者に投票した有権者のうち、ほんの数名から数十人が投票に行くのをやめたり、あるいはギリギリ勝った候補者ではなく負けた候補者に投票したりすればどちらが当選するかが変わるのです。よって、定数最後で当選した候補者と次点で落選した候補者はどちらが勝ってもおかしくない、つまりこれら2名の候補者の勝敗はほぼ偶然に決まったと考えてもいいでしょう。

得票数で当落ギリギリのところにいた2名が男性候補者と女性候補者だったとしましょう。もし女性候補者がギリギリ勝てば、ほぼ偶然に女性議員比率が上がります。逆に女性候補者がギリギリ負ければ、ほぼ偶然に女性議員比率が下がります。この場合、その区の住民構成などとは関連することなくほぼ偶然に女性議員比率が変化するので、女性議員比率が高い区と低い区の投票区投票率を比べることで女性議員比率の影響を明らかにすることができるのです。

上記の方法を利用した分析結果を図7－4にまとめました。女性投票率、男性投票率、そして女性投票率と男性投票率の差に対する女性議員比率の増加の影響をそれぞれ分析しました。図7－4の各黒丸を見ると、女性議員比率が1％ポイント増えたときに女性投票率が0・16％ポイント、

図7－4　女性議員比率が上がると投票率も上がる

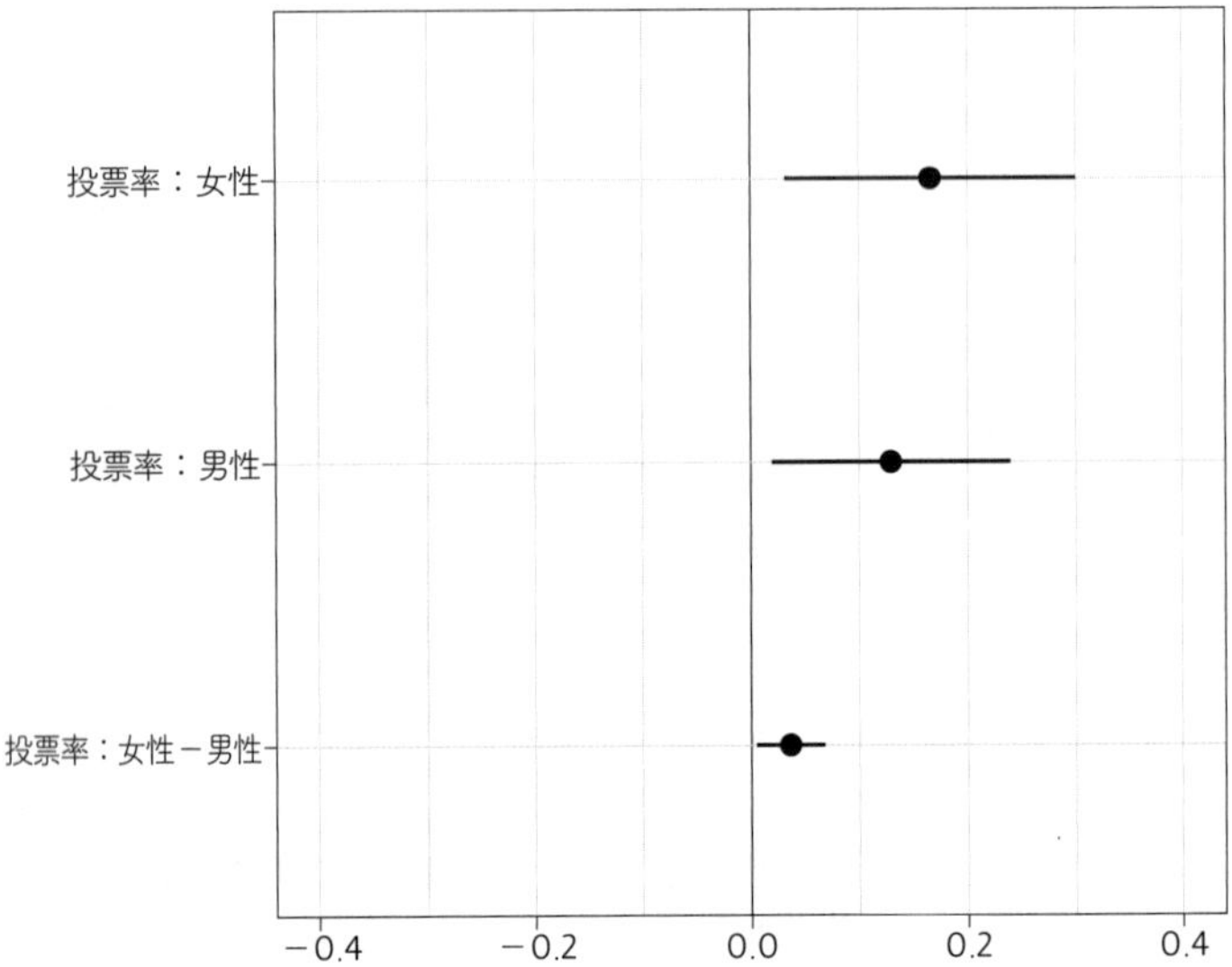

（注）　東京都区議会選挙結果データを使った分析にもとづく。

男性投票率が0・13％ポイント上昇することがわかります。女性投票率と男性投票率の差に注目すると、男性よりも女性投票率への正の影響が0・03％ポイントほど大きいことがわかります。これらの影響はすべて統計的に有意です。女性議員比率が増えると男女とも投票率が上がるのですが、その影響は女性のほうが少しだけ大きいということを意味します。

5　まとめ

この章はわたしたちを代表する議員の属性が投票率に及ぼす影響に注目してきました。日本では女性議員や首長が少ないことを背景として、議会における女性議員比率が高くなると男女の投票率が上昇するかという問いを検討しました。１９９９年以降における東京都の23区の区議会議員選挙データを使った分析から、女性議員比率が１％ポイント高くなると男女それぞれの投票率が０・１３から０・１６％ポイントほど上昇すること、そして女性の投票率がより強い影響を受ける可能性が高いことがわかりました。

この章での分析にはいくつかの限界があります。東京都23区という特殊な地域を分析対象としているので、分析結果が他の地域にそのまま当てはまるかは不明です。また、女性議員比率が高くなると男女有権者のあいだで政治に対する信頼感や効力感が高まるので投票率も上がるというメカニズムを想定してきましたが、このメカニズムの妥当性は検証が必要です。したがって、「女性議員が増えたら投票率はもっと上がる」という結論を下すためにはさらなる分析が求められます。

この章の議論や分析は2つの大切な示唆を与えてくれます。１つは女性議員や女性首長の存在はわたしたち有権者にポジティブな影響を与える可能性です。女性議員や女性首長が増えることは政治の世界における男女平等・均等を実現するという象徴的な目標を実現することにつながるだけではなく、有権者が政治により積極的に関わる理由を与えてくれるかもしれません。もう１つは第6章と同じで繰り返しになりますが、政治の大切さです。投票率の向上を実現する１つの方法は、わたしたち有権者にとって魅力的な議員や候補者の存在なのです。候補者や議員は党派性だけではなく社会経済的属性によっても特徴づけられます。現状では高齢男性が多数を占める議会の議員構成が変化し、さまざまなバックグラウンドを持つ議員が議会で活躍するようになれば、有権者は投票に行く理由をみつけやすくなるかもしれません。

コラム⑦-1　操作変数法を使った分析の詳細

本文で述べたように、女性議員比率が高い区と低い区の投票率を比較するだけでは女性議員比率が投票率に及ぼす影響を明らかにすることはできません。そこで利用するのが操作変数法という手法です。この手法では、女性議員比率がそもそもどのように決まっているのかを考えます。例えば、性別役割分担意識の弱い若い世代が流入すれば女性候補者や議員が増えるかもしれません。他にも女性議員比率に影響を与えそうな要因はいくつもありますが、そのなかで特に注目するのが偶然・たまたま女性議員比率の向上をもたらすような要因です。なんらかの条件が重なってたまたま女性議員が増えたので、その結果投票率がどのように変化したかを調べます。つまり、

偶然の条件　↓　女性議員比率　↓　投票率

という連鎖反応を利用します。なぜ偶然に女性議員を増やす要因に注目するのかというと、これは第4章で説明した無作為割り当てと似たような考え方にもとづいています。偶然の条件が重なって女性議員が増えた区とそのような偶然の条件が満たされず女性議員が増えなかった区は似たような特徴を持っているのだから、結果として女性議員比率が投票率に及ぼす影響を特定できるということです。

この連鎖反応の最初に位置する偶然の条件を操作変数と呼びます。その条件として注目するのが、

定数最後で当選した候補者と次点で落選した候補者の性別の組み合わせです。区議会議員選挙ではこれら2名の候補者の票数差は非常に小さく，どちらが勝ってもおかしくありません。つまり，どちらの候補者が勝つか負けるかはほぼ偶然に決まったと考えてもいいでしょう。もし女性候補者が滑り込み，男性候補者が次点となれば，ほぼ偶然に女性議員比率が少し上昇します。逆に男性候補者が滑り込み，女性候補者が次点となれば，ほぼ偶然に女性議員比率が少し下がります。その結果，次回の選挙で投票率がどのように変化したかを推定するのです。

以下では推定方法の詳細をまとめます。操作変数は当落ギリギリの候補者の性別の組み合わせです。得票数順に女男，男女，女女，男男の4つの組み合わせがあります。このうち女男ダミー（女性候補者が当選，男性候補者が落選），男女ダミー（男性候補者が当選，女性候補者が落選）は女性議員比率と強く関連します。女性候補者比率，有権者数（ログ），定数区固定効果，年固定効果を考慮したうえで，当落ギリギリの候補者の性別の組み合わせと女性議員比率の関係を第1段階の回帰式として推定しました。さらに，第2段階として，上記の変数をすべて考慮したうえで女性議員比率と投票区別投票率の関係を推定しました。

この推定で満たすべき仮定は2つあります。1つ目は第1段階の関係が十分に強いという仮定です。女性候補者が当選・男性候補者が落選，そして男性候補者が当選・女性候補者が落選という状況では女性候補者比率が1・8%ポイント変化します。関係の強さを示すF値も非常に大きくなっています。2つ目は当落ギリギリの候補者の性別の組み合わせが女性議員比率のみを通じて投票率に影響を及ぼすという仮定です。各区議会選挙では当落ラインでは競争が激しく，当落がほぼ偶然に決まっているので、この仮定も妥当だとみなせます。

参考文献

前田健太郎『女性のいない民主主義』岩波書店、２０１９年。

松林哲也「女性議員が増えれば政治は変わるのか？」飯田高・近藤絢子・砂原庸介・丸山里美編『世の中を知る、考える、変えていく――高校生からの社会科学講義』有斐閣、２０２３年。

三浦まり編『日本の女性議員――どうすれば増えるのか』朝日新聞出版、２０１６年。

Baskaran, T. and Hessami, Z., "Does the Election of a Female Leader Clear the Way for More Women in Politics?" *American Economic Journal: Economic Policy*, 10, 95–121, 2018.

Besley, T., Folke, O., Persson, T. and Rickne, J., "Gender Quotas and the Crisis of the Mediocre Man: Theory and Evidence from Sweden," *American Economic Review*, 107, 2204–2242, 2017.

O'brien D. Z. and Rickne, J., "Gender Quotas and Women's Political Leadership," *American Political Science Review*, 110, 112–126, 2016.

Paxton, P., Hughes, M. M., and Barnes, T. D., *Women, Politics, and Power: A Global Perspective*, Rowman and Littlefield, 2021.

第8章

投票率をどうやって測る?

――データとしての投票参加

1 投票率の測りかた

第2章から第7章までの各章では投票参加に関するさまざまな問いを設定し、データ分析を通じてそれらに答えるという作業を繰り返してきました。投票啓発活動が若者の投票参加の有無に与える効果を測定した第4章を除き、各章では分析対象として投票率の増減や違いに注目しています。第2章、第3章、第5章では選挙回別・市区町村別の投票率、第6章では選挙回別・選挙区別の投票率、そして第7章では選挙回別・投票区別のデータを用いました。市区町村内で選挙当日投票所が減ると投票率も低下するのか（第2章）や選挙区内で新党が候補者を擁立するとその選挙区の投票率が上昇するのか（第6章）といった問いを検証してきたのです。

市区町村別投票率や選挙区別投票率は、選挙の管理運営を担当する市区町村や都道府県の選挙管理委員会によって集計され公開されます。ある選挙において、市区町村内や選挙区内で選挙権を有する有権者の総数を分母に、実際に票を投じた有権者の総数を分子とした比率が投票率です。各市区町村の選挙管理委員会が有権者総数と投票者総数の記録を担当しており、集計も行います。ちなみに、国政選挙などでは国全体の投票率が公開されますが、これは市区町村別の投票者総数や有権者総数を全国で集計した数値を意味します。

投票率を測定する方法はもう1つあります。世論調査（または意識調査、社会調査、サーベイ）を利用するという方法です。一般的にはアンケートという用語が使われますが、本書では世論調査という用語で統一します。国政選挙を対象とした世論調査では、全国から一定数（1000人から3000人ほど）の有権者を調査回答者として無作為に抽出し、各回答者に対して個別に選挙への関心や投票参加の有無を尋ねます。質問する手段は、戸別訪問を通じた面接、電話を通じた面接、郵送質問票への自己回答などがあります。いずれの方法かによって収集されたデータを使い、全回答者のうち投票に行ったと答えた回答者の比率を求めれば、その選挙での投票率が推測できます。なお最近はインターネット上で回答者を募るウェブ調査が増えていますが、調査対象者の抽出方法が大きく異なるため、以下の議論ではウェブ調査からのデータは議論の対象とはしません。

図8－1　公式投票率と比べると世論調査投票率は高く推定される

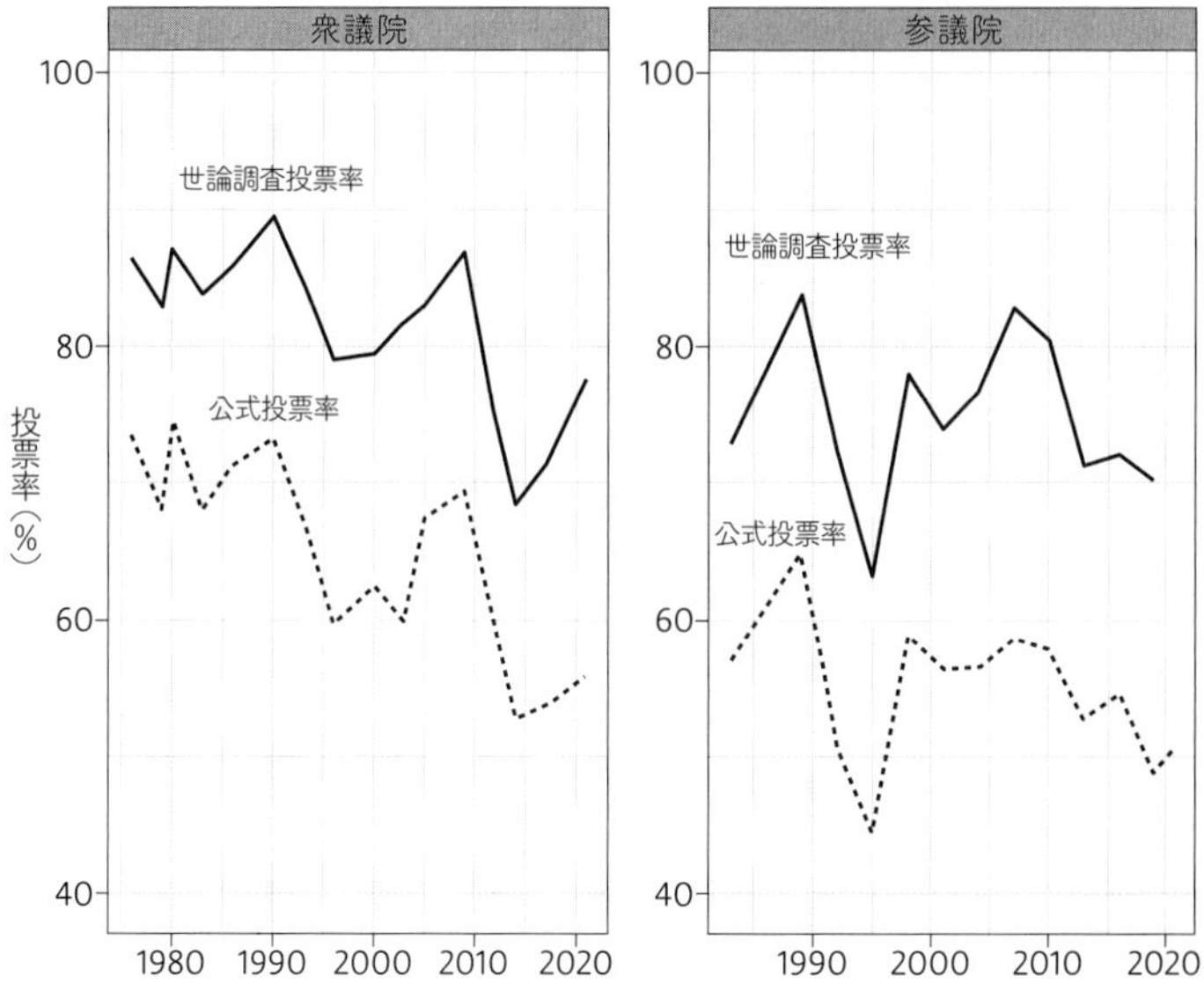

（注）　総務省衆議院議員総選挙結果調，参議院議員通常選挙結果調，明るい選挙推進協会データにもとづく。

有権者総数と投票者総数という公式記録にもとづく国全体の投票率（以下では公式投票率と呼びます）と世論調査からの推測にもとづく国全体の投票率（世論調査投票率と呼びます）を比べると面白いことがわかります。どちらも日本全体の投票率を測っているのですが、その数値には大きな違いがあるのです。図8－1は衆院選と参院選それぞれについて、過去の選挙での公式投票率と世論調査投票率を示しています。左図と右図で共通しているのは、公式投票率に比べて世論調査投票率が10%ポイント以上高いことです。この傾向は一貫しています。

この章では公式投票率と世論調査投票率の差に注目して、以下の問いを設定します。国全体の投票率という同じ事象を対象としているにもかかわらず、なぜ測りかたによって数値に大きな違いが生じるのでしょうか。そもそも公式記録にもとづく測定と世論調査にもとづく測定には、その情報を使用する側にとってどのようなメリットとデメリットがあるのでしょうか。低調な投票率という現在の状況を改善するためには投票に影響を及ぼす要因をこれからもどんどん調べていく必要があるのですが、そのためのデータの収集に関してなにか工夫できることはあるのでしょうか。

2　2つの測定方法のメリット・デメリット

公式記録にもとづく測定方法と世論調査にもとづく測定方法にはそれぞれメリットとデメリットがあります。公式記録にもとづく測定のメリットはその正確性、迅速性、そして完全性です。有権者総数は選挙人名簿の確定をもって決まり、また投票者総数は各期日前投票所や各選挙当日投票所で集計した数値を最終的に市区町村内で足し合わせれば求まります。集計の手続きのなかで大きな間違いが頻繁に起こるとは考えにくいので、投票者総数や有権者総数、そして投票率は実態を反映した正確な情報だとみなしていいでしょう。

また、記録や集計は単純作業なので、その結果は迅速に公開されます。投票終了後、比較的短時間のうちに投票率が公開されるので、公開を待つ必要がほとんどありません。さらに、投票結果の集計や公開は全市区町村が取り組むべき職務の1つであると規定されているので、投票率を入手できない市区町村はありません。つまり、全国のデータが完全な形で入手可能なのです。

公式記録にもとづく測定方法がもつこれらのメリットを踏まえると、図8-1の公式投票率は日本全体での投票率を正確に反映していると想定できます。よって、公式投票率と世論調査投票率の差は、世論調査に基づく投票率には誤差が含まれていること、その結果世論調査では投票率が過大に推定されることから生じているとわかります。

では、世論調査からのデータを使って投票率を求めたり、投票参加に関する研究を行ったりするメリットはどこにあるのでしょうか。国内外を問わず、投票参加に関する研究の多くは世論調査データを使います。国内でも国政選挙後にはしばしば世論調査が行われます。また国際比較が可能なデータの収集も進んでいます。世論調査データのメリットは各有権者に関する投票したかどうか以外の情報も豊富に含まれていることです。逆に、各有権者に関する情報がほとんど含まれていないことが公式記録データのデメリットなのです。

公式記録にもとづく投票率データのみを分析していても、わからないことがたくさんあります。誰が、どういった理由で投票に行ったり行かなかったりしたかを知りたくても、これに答えるために必要な情報が含まれていないからです。選挙人名簿からは性別や年齢などはわかるので、例えば10代と20代の男女別投票率を知ることはできるでしょう。一方で、各有権者の家計の情報や家族構成、政策の好み、選挙への関心度などはわかりません。例えば、第6章では「新党候補者が参入することで、既存政党に魅力を感じていなかった有権者が関心を持ち投票するようになる」と論じました。このメカニズムはもっともらしいのですが、その妥当性には検証が必要です。本当にこのようなメカニズムが存在したのかを知るためには、「既存政党と新党の政策や候補者の魅力」、「選挙への関心」、「前回選挙は棄権したが今回は投票した」といった情報を有権者から個別に収集する必要があるのです。新党候補者が参入した選挙区と参入がなかった選挙区でこのような情報を集計して比較することで、例えば新党候補者が参入した選挙区の有権者のほうが選挙により高い関心を持っていたかを確認できます。

また、次章で詳しく論じますが、どのような社会経済的属性を持つ有権者の投票率が高いかを理解することは日本社会にとって大切な意味を持ちます。有権者の社会経済的属性とは、教育程度や収入程度、年齢、職業などを意味します。例えば高収入の有権者の投票率は高いけど、低収入の有権者の投票率が低いとしましょう。この投票率の違いが政策形成に影響を及ぼす可能性があるのです。このような属性間の投票率の違いを明らかにするためには、有権者に関する詳細なデータが欠かせません。

世論調査では調査対象となった回答者にさまざまな質問を投げかけることが可能です。直近の選挙で投票に行ったかどうか、どの政党や候補者に投票したのか、普段はどの政党を支持しているのか、政治や選挙にどの程度関心を持っているのか、そして回答者の社会経済的属性を尋ねることができます。このような質問から得た情報を組み合わせれば、回答者の詳しい特徴がわかります。ここから、どのような属性や特徴を持つ人の投票率が高いのかなどを調べることが可能になります。

3 世論調査の難しさ①——調査への不参加

世論調査データは人々の投票参加を理解するうえで貴重な情報であることがわかりました。では世論調査を通じて調べた投票率にはなぜ誤差が生じるのでしょうか。公式記録にもとづく投票率と比べて世論調査投票率が過大に推定されるのには主に2つの理由があります。

1つ目の理由は、世論調査の全対象者のうち一部対象者の調査への不参加です。訪問面接調査や郵送調査では日本全国から調査対象者を無作為に選びます。選び方にはさまざまな方法があるのですが、そのなかでよく使われる方法を紹介します。はじめに日本全国の自治体を100から200ほど無作為に選びます。このときには地域や自治体の人口規模に偏りがないように（例えば関東地方の自治体のみや人口規模の大きい自治体のみが選ばれないように）気をつけます。次に、選ばれた自治体の全有権者のなかから無作為に数十名を選びます。無作為とは、例えば性別や年齢などはまったく考慮せず、ある有権者が偶然に選ばれるように工夫するということです。

この無作為抽出が成功していれば、全国各地から選ばれた1000から2000名ほどの調査対象者は日本全体の有権者の特徴を代表している、つまり全有権者の縮図となっているとみなせるのです。例えば調査対象者の平均年齢は日本の有権者の平均年齢と近似するはずです。全調査対象者の投票参加の有無を知ることができれば（そして次節で紹介する問題がなければ）、世論調査投票率と公式投票率は似たような数値になると考えられます。

世論調査では全有権者のうちごく一部のみを調査対象者として情報を集めるので、調査対象者が全国の有権者の縮図となっているといっても多少の誤差は生じます。投票に行った人が実態より少し多めに調査対象者として選ばれるといったことがありうるのです。この場合、公式投票率と比べると世論調査投票率は少し高めに推定されます。ただ、もし無作為抽出がうまくいっていれば、この誤差は図8－1で示したほどは大きくならないはずです。また、誤差は上下するはずなので、どの選挙でも公式投票率よりも高くなるということもありえません。したがって、誤差が生じる原因は別にあります。

問題が生じるのは、調査対象者に対して訪問面接や郵送を通じて実際に調査を開始する段階です。調査への参加に同意しない調査対象者が一定数いることが大きな影響を及ぼします。例えば、みなさんの自宅に訪問調査員が訪ねてきたという状況を考えてください。たまたま自宅にいるときであれば、調査依頼を承諾するかもしれませんし、あるいは忙しいからといったり関心がないといったりして断ることもあるでしょう。昼間や夕方に自宅にいないことが続けば、訪問調査員と会わないかもしれません。郵送で調査票が送られてきた場合だと、時間をみつけて回答するかもしれませんし、あるいは忘れて放置することもありえます。つまり、調査対象者は調査を実施する研究者や新聞社などにたまたま選ばれただけなので、調査に参加するかは任意に決められるのです。したがって、参加したくない・できないという調査対象者がある程度は存在しても不思議ではありません。調査に参加する・しない（あるいはできない）という決断は、調査対象者の特徴によって左右されます。例えば高齢者は昼間に自宅にいることが多く、また自由な時間を豊富に持っています。よって、調査への参加を気軽に同意する可能性が高いわけです。また、普段から政治や選挙への関心を持つ人ほど参加を承諾しやすいでしょうし、一方で関心を持たなければ政治に関する質問に答えることを煩わしく感じるはずです。また、直近の選挙で投票に行かなかった人が「選挙に関する意識調査」に参加してほしいと依頼されても、「自分は投票に行っていないから調査に参加する資格がない」と考えても不思議はありません。つまり、調査参加への依頼に同意するのは政治や選挙に関心を持っていて投票にも行く有権者で、逆に調査に参加しない・できないのは政治や選挙に関心がなくて投票にもあまり行っていない有権者だと考えられるのです。例えば、高齢者は前者のような特徴を持ち、若者は後者のような特徴を持ちます。

このような議論から導けるのは以下のような仮説です。調査対象者のなかで不参加の人数が増えることは、普段あまり投票に行かない人たちが調査から脱落することを意味します。その結果、調査参加を同意した対象者のなかには投票に行く可能性が高い人たちがより多く含まれることになるのです。このとき、公式記録投票率に比べて、世論調査投票率が過大に推定されてしまいます。調査対象者のなかで何名が調査に参加したかは調査の回答率で測ることができます。回答率は、調査対象者数を分母に、実際の参加者数を分子とした比率です。不参加者の人数が増えると回答率が低

図８－２　調査回答率が上がると世論調査投票率と公式投票率の差が縮まる

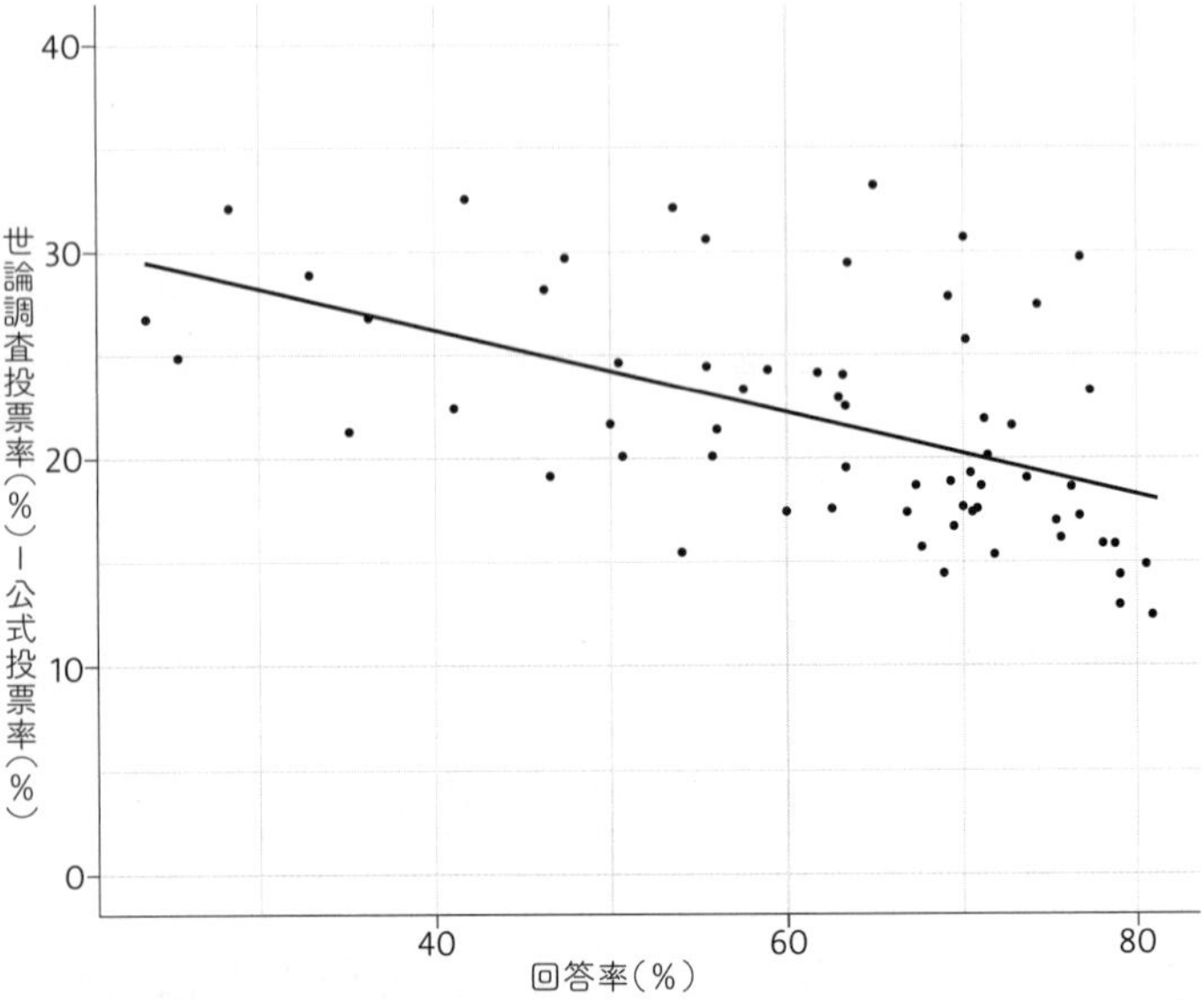

（注）　総務省衆議院議員総選挙結果調と 66 の学術世論調査データにもとづく。

下し、世論調査投票率がより過大に推定されてしまうと推測できます。

この仮説の妥当性を確認してみましょう。使用するデータは、１９７０年代以降に実施されてきた選挙に関する66の学術世論調査の回答率とそのデータを使って求めた投票率、そして公式記録投票率です。これらの調査はすべて国政選挙後に実施されたので、世論調査回答率と公式記録投票率を比べることができます。図８－２は横軸に各世論調査の回答率、縦軸に各選挙での世論調査投票率と公式記録投票率の差を位置づけた散布図です。縦軸を見ると値が正の値

図8－3　調査回答率は低下傾向にある

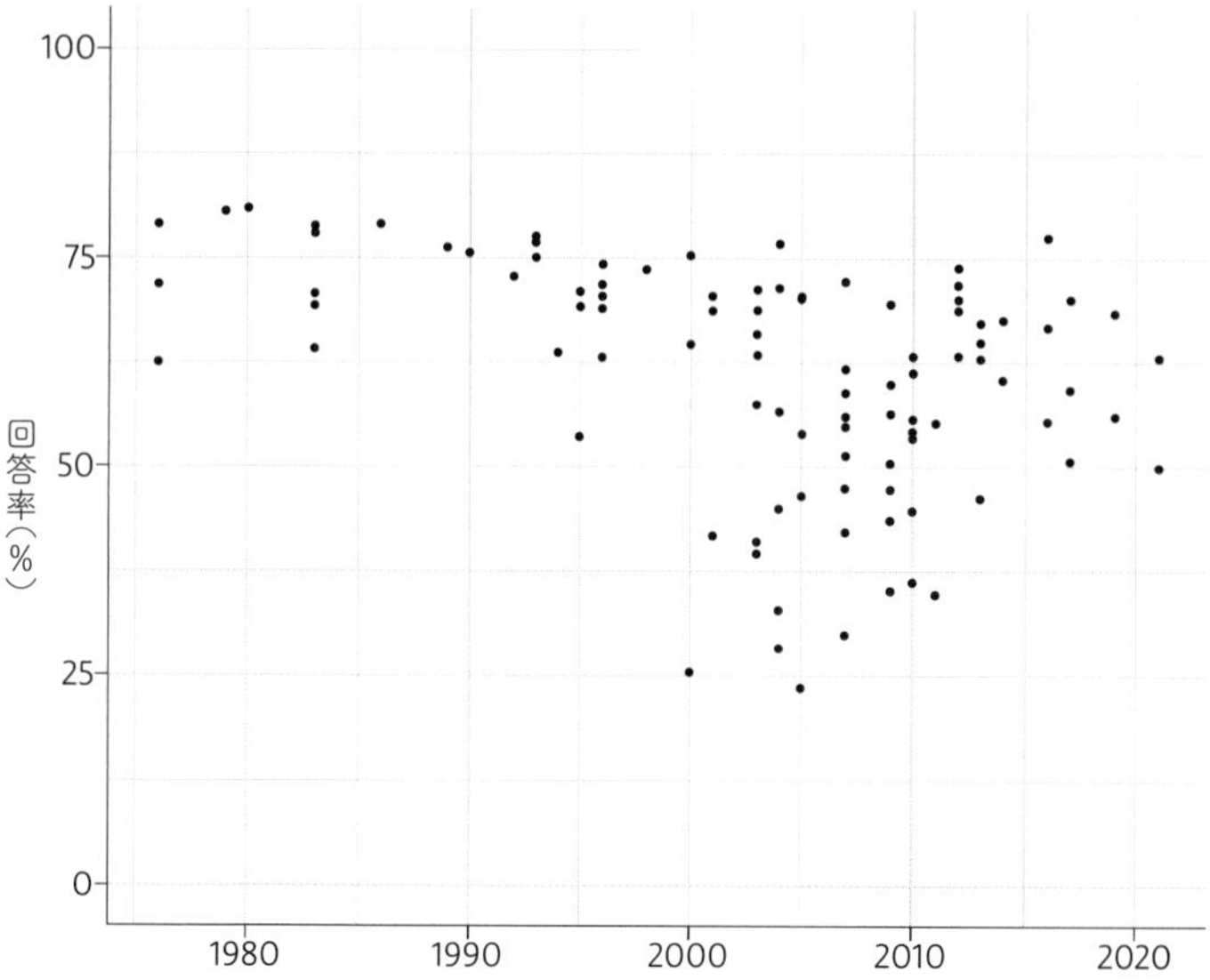

（注）　政治に関する99の学術世論調査の回答率にもとづく。

になっていて、これは公式記録投票率と比べて世論調査投票率が過大に推定されていることを意味しています。なお黒線は回帰直線を意味します。

図8－2では、調査回答率が上がるにつれて世論調査投票率と公式記録投票率の差が小さくなっています。逆に、回答率が低い調査では差が大きくなっています。つまり、調査回答率が高いということは、投票にそれほど熱心でない対象者が調査に参加していることを意味しているのです。その結果、世論調査から得られた投票率が実態をより正確に反映するようになる、つまり公式記録投票率との差が小さくなっているのです。

調査回答率が上がれば世論調査投票率は実態をより正確に反映するはずですが、近年の調査回答率は低下傾向にあります。図8－3は99の政治に関する学術調査の回答率の推移を示しています。かつては75％ほどあった回答率が、直近の調査では50％にまで低下しているケースもあります。その原因はいくつもあると考えられます。個人情報を共有することへの忌避感、他人と政治に関する情報を共有することの忌避感などです。世論調査投票率の精度を向上させるために回答率を上げる努力は今後も不可欠ですが、回答率の低下という現在の状況を考えるとその改善は難しいでしょう。

4　世論調査の難しさ②——社会的望ましさバイアス

2つ目の理由は社会的望ましさバイアスと呼ばれる現象です。これは調査に参加することを同意した対象者（以下では回答者と呼びます）が、投票参加に関する質問に回答する段階で起こります。対象者が直近の選挙で参加したかどうかを尋ねるとき、例えば2017年衆院選後の調査では「昨年10月22日の衆議院選挙であなたは投票に行きましたか」という質問が使われました。実際の調査は年明けの2018年に行われたので、昨年という言葉が使われています。回答者は「投票日に投票に行った」「期日前投票・不在者投票をした」「選挙には行かなかった」「選挙権はなかった」「答えたくない」「わからない」の中から回答を選びました。

調査員が自宅に訪ねてきているとしましょう。この調査員が自分に対してこの質問を投げかけている場面を想像してください。もしこの衆院選で投票に行っていたら、「投票日に投票に行った」や「期日前投票をした」という回答を選ぶでしょう。では、投票権があるけど投票に行かなかった場合は、「選挙には行かなかった」と正直に答えるでしょうか。もしかしたら投票に行かなかったのに、「投票した」と答えてしまうかもしれません。

正直に答えたくないのには理由があります。選挙での投票は社会的に望ましいとみなされる行為です。投票は国民の義務だという考え方もありますし、民主主義にとって投票参加はとても大切な行為だという考え方もあります。毎回の選挙で大勢が投票しているのだから自分もそうしたほうがいいという気持ちもあるでしょう。これは道端にゴミを捨てない、あるいは公共交通機関を利用しているときに大声で騒がないのと同様に、投票はしたほうがいいという暗黙の了解が社会のなかにあるということです。したがって、目の前のよく知らない調査員に対して、「みながやっていること、社会的に望ましいことを自分はしなかった」とは認めたくなくて、投票に行っていなくても「投票に行きました」と答えてしまうのです。調査員には自分の投票参加の有無を確認するすべはないので、正直に答えなくてもなにも困りません。実際には投票していないにもかかわらず、社会的に望ましいので投票したと答えてしまう傾向を投票参加における社会的望ましさバイアスと呼びます。

この社会的望ましさバイアスが強ければ、世論調査投票率が過大に推定されてしまいます。投票した人が「投票に行っていない」と回答するとは考えにくいです。よって、投票していないのに

「投票に行った」と答える回答者が一定数いれば、公式記録投票率に比べて世論調査投票率が高くなってしまいます。

社会的望ましさバイアスが世論調査投票率にどの程度の誤差を生み出すかを確認するのは簡単ではありません。そもそも調査対象者のなかで誰が投票に行っていないかを知るすべがないので、誰が正直に答えなかったかを調べることができないからです。そこで、間接的な方法で投票参加に関する社会的望ましさバイアスの影響を明らかにしてみます。

社会的望ましさバイアスが生じると考えられるのは他者の目があるときです。「社会的に望ましい行為であるにもかかわらず投票しなかった」ということを他者の前で認めたくないので、社会的望ましさバイアスが生じるのです。一方で、他者の目がないときには自分がどう思われるかを気にしなくていいので、正直に投票に行かなかったと認めやすくなるでしょう。

そこで、回答に際して他者の目があるかどうかで、世論調査投票率に差が生じるかを調べてみます。世論調査では訪問面接や電話での対話を通じた回答、また郵送やウェブ上の調査票での自己回答などさまざまな形式が用いられます。回答者にとって他者の目が強く感じられるのは、訪問面接で調査員に回答を伝える場面でしょう。このときには社会的望ましさバイアスは強くなるはずです。一方、もし訪問面接でも調査員が回答をみることができないような工夫をした場合、例えば自分だけがパソコン上の画面をみながら回答する場合には調査員の目は気にならないでしょう。このときには社会的望ましさバイアスは完全ではないにせよ軽減されるはずです。よって、調査員への回答

図8－4　調査員に回答する場合と比べてコンピュータ画面で回答する場合では「選挙で投票したことが何度かある・1～2回ある」と答える比率が低くなる

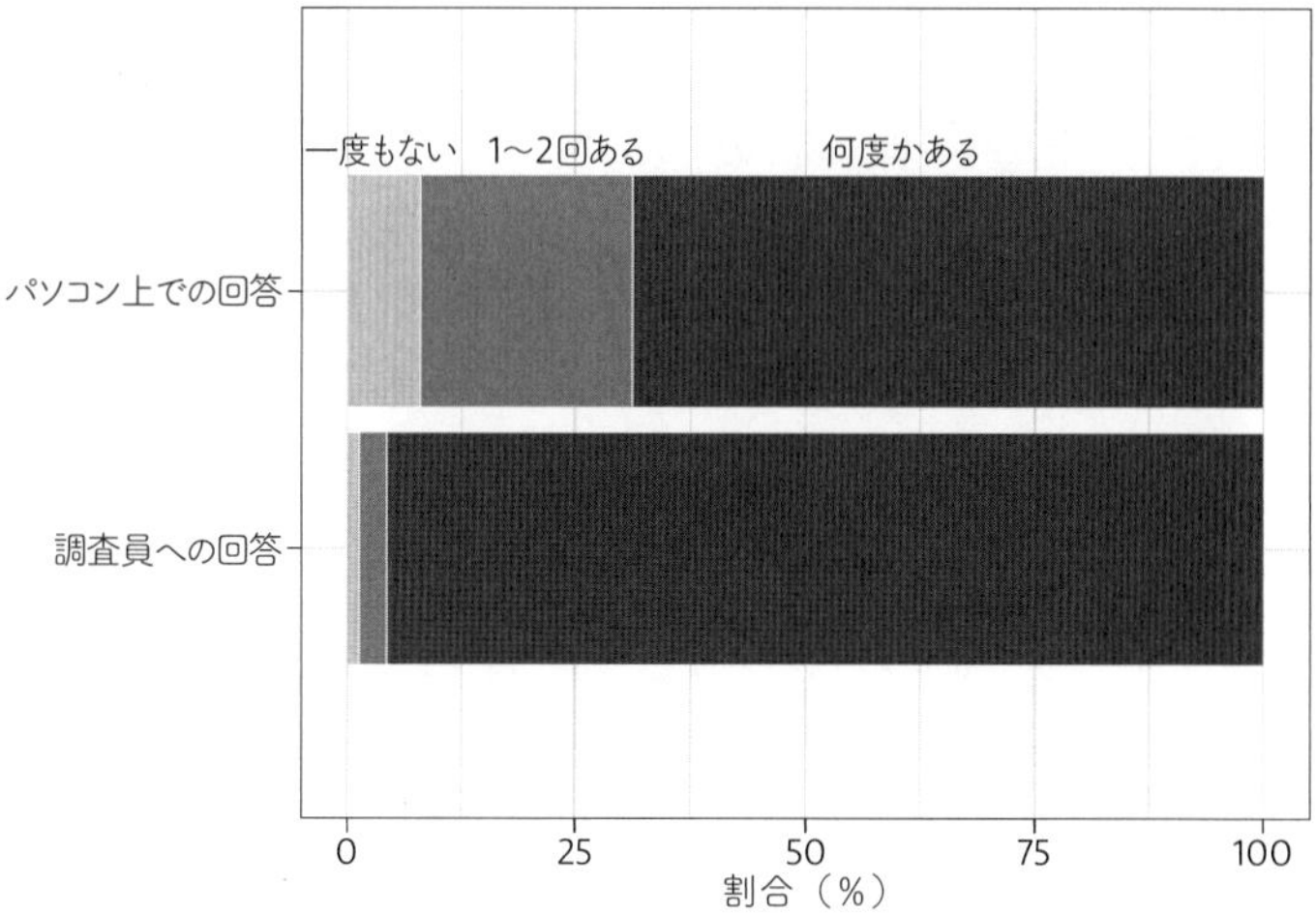

（注）　2007年参院選時の早稲田GLOPE調査にもとづく。

の場合と比べて、パソコン上の自己回答の場合には投票に行っていないのに行ったと答える回答者が減る、そして世論調査投票率が低く推定されるという仮説を導けます。

この仮説を検証するために、質問の文面や回答選択肢が同一だけど回答方式が2種類用意された世論調査からのデータを分析します。この調査は2007年の参院選後に実施されました。全国から無作為に選ばれた調査対象者は、調査員に回答する方式かパソコン上で自己回答する方式のどちらかで回答することになっていました。回答方式は調査対象者が選べるのではなく、あらかじめ無作為に割り当てられていました。どちらの回答方式でも全調査対象者のうち約半数ほどが調査参加に同意、そして投票参加に関する質問に答えました。

「選挙で投票したことがありますか」という質問に対して、回答者は「何度かある」「1〜2回ある」「一度もない」の3つから回答を選びました。図8－4は調査員へ回答した場合とパソコン上で自己回答した場合の各選択肢の比率を比べています。パソコン上で自己回答した回答者の場合、「何度かある」と答えたのは69%、「1〜2回ある」は23%、そして「一度もない」は8%でした。ところが調査員へ回答した場合にはほぼ全員が「何度かある」と答えていて、残りの選択肢を選んだ回答者はほとんどいなかったのです。回答方式に関わらず質問文面などはすべて同一で、また回答者の平均的属性も似通っていました。よって、回答方式の違いが回答に違いをもたらしたと考えられます。他者の目がある場合には、投票にほとんど・まったく行ったことがないとは答えにくいので、ほとんどの人が何度か投票に行ったと答えたのだと考えられます。

世論調査は訪問面接方式、特に調査員へ回答する方式で実施されることが多いです。図8－1や8－2で使った世論調査の多くが訪問面接によって実施されました。つまり、社会的望ましさバイアスが生まれやすい状況で投票参加の有無を答えることが多かったのです。その結果、世論調査投票率が過大に推定されることになったと考えられます。

5　投票データの整備とエビデンスにもとづく政策設計

世論調査は有権者の詳細な特徴について情報を提供してくれる一方で、一部調査対象者の不参加と社会的望ましさバイアスという2つの理由で世論調査を使った投票率が過大に推定される傾向にあることがわかりました。このような問題がある以上、今後も世論調査からのデータを使っても投票参加を研究することは難しいのでしょうか。公式記録投票率の持つ3つの特徴（正確性、迅速性、完全性）を備え、かつ有権者の細かい属性をも含むようなデータを構築することは可能でしょうか。この節では、投票の条件に関するエビデンスを今後も蓄積していくうえで、どのような投票参加データの整備が必要かを考えてみます。

この章では世論調査で主に使われてきた訪問面接調査を念頭に置いて議論を進めてきました。ただ、近年では、オンラインパネルを対象としたウェブ世論調査を実施することが多くなっています。オンラインパネルとは企業などが保有するインターネットユーザーの集団を意味します。企業は広告などを通じて自社のサービスの利用者を潜在的な調査回答者として募集をします。募集をみたユーザーの一部は自発的に登録をし、企業からeメールなどを通じて調査参加依頼があったときに参加の有無を決めます。さまざまな企業がこのようなオンラインパネルを持っていて、調査ごとに性別や年齢構成などを考慮しながら回答者をリクルートします。通常はパネル内の多数のユーザーに参加依頼を出し、一定数の回答者が集まった時点で調査を終了します。

投票参加を分析するうえで、ウェブ世論調査は2つの利点があります。1つはウェブ調査が自己回答式だという点です。他者の目を気にせずに回答できるので、投票参加の有無を正直に答えられるという環境が整っています。もう1つはオンラインパネルの構成員の特徴です。インターネットユーザーは比較的若く、オンラインパネルへの登録は政治や選挙への関心度とは強く関連しないでしょう。つまり、政治や選挙への関心が高い人も低い人も、普段から投票している人もしていない人もそれぞれ十分に含まれていると想定できます。

ただ、オンラインパネルやそこから選ばれたウェブ調査の回答者の平均的特徴が全国の有権者の平均的特徴をうまく捉えているかについては疑問が残ります。普段からインターネットをよく使っている人や自発的にオンラインパネルに登録して調査にも回答する人は日本全国の一部であり、全有権者を代表しているとは考えにくいです。第2節で述べたように、日本全国から調査対象者を無作為抽出するのは全有権者の縮図となるような調査対象者集団を作り出すためです。オンラインパネルから選ばれた有権者が全有権者の縮図となっているかはわかりません。また、社会的望ましさバイアスの懸念は減りますが、調査に真剣に回答してくれるかにも懸念が残ります。

世論調査だけに頼ることなく有権者の細かい属性を収集し、かつ正確性、迅速性、完全性を持つような投票参加データを構築する方法として考えられるのは選挙人名簿からの情報です。これは、投票記録を含む選挙人名簿を研究や政策設計に活用するというアイデアを意味します。選挙人名簿には性別や生年月日が含まれるので、これらの情報と投票参加の有無を組み合わせた分析はすぐに可能です。例えば、自治体内の期日前投票所数が増えると、どのような属性の人々の投票率が上昇するのか（例えば20代男性や女性の投票率が上昇するのかなど）といった疑問に答えることができます。

このような情報が全自治体で整備されるようになれば、全国レベルでの分析が可能になります。もしこの名簿を他の属性データ（例えば個人の税情報など）と結びつけることができれば、さらなる分析が可能になります。

当然ですが、このような投票記録を含む選挙人名簿は匿名性を担保したうえで一定の条件のもとでのみ公開されなければなりません。誰もが自由に使えるわけではなく、研究や政策設計を目的とする場合にのみ公開されることになるでしょう。ただ、アメリカではすでに投票記録データは法的には公開情報と定められていて、誰もが閲覧可能な状態になっています。日本でも同様の法的措置は可能かもしれませんが、抵抗が強いのであれば匿名性を担保したうえで一定の条件を満たす場合にのみ利用が可能とすればいいはずです。また、現在は選挙人名簿から投票先の情報を得ることは不可能ですが、これは匿名化された選挙人名簿からのデータが分析可能になっても同様の原則が守られる必要があります。秘密投票の大切さについてはコラム⑧-1をみてください。

日本では、さまざまな政策分野でエビデンスにもとづく政策設計（Evidence-Based Policy Making：EBPM）を求める声が強まっています。投票参加もその例外ではありません。第4章で行ったような啓発活動の効果検証、そして制度変更の影響の効果検証などを通じて、どのような条件のもとで人々の投票参加が促されたり妨げられたりするのか、誰がより影響を受けるのかなどを調べ、エビデンスとして蓄積していくことが必要です。そのためには、投票参加・投票率に関する正確なデータの整備が大切になります。

コラム⑧－1　秘密投票の大切さ

この章では、選挙人名簿や個人の投票記録の活用が今後の投票参加研究には不可欠ではないかということを論じました。強調しておきたいのは、これらの情報を使っても各投票者がどの政党や候補者に投票したかは絶対にわからないということです。つまり自分の投票先を他者には知られないという秘密投票の原則は守られるということです。そもそも現状の投票制度のもとでは各投票者とその投票先を結びつける情報は一切残りませんし、また各投票区からのすべての票を集めてから開票が始まるため、投票区レベルでも各政党の得票数などを知ることはできません。

では秘密投票の原則が守られない選挙では何が起きるのでしょうか。チリのケースをみてみましょう。チリでは1958年以降の選挙で投票先が秘匿される方法で投票できるようになりました。それまでは有権者は自分の投票したい政党が発行する票を取り寄せないと投票ができませんでした。つまり、どの票を取り寄せるかで自分の投票先が他者に知られてしまうという制度だったのです。

この制度のもとでは、権力を持つ者が支配下に置く弱者へ投票先を強制することが可能になってしまいます。チリでの地主と小作人の関係がこれにあたります。特に小作人が多い地域では、1958年まで右派政党の得票率が高い状況が続いていたのですが、これは地主が自分たちが支持する右派政党への投票を小作人に強制していた（つまり右派政党の票を取り寄せて投票に行くように小作人に命じていた）からだと考えられます。秘密投票が導入されてからはこのような傾向はみられなくなったので、小作人は右派政党ではなく自分たちが支持する左派政党などに投票するようになったと考えられます。

第3章で紹介したインターネット投票では秘密投票の原則が守られなくなる恐れがあります。例えば、投票する際に横に人がいて、その人によって投票を強制されることで、特定の投票先を選んだかをみられてしまうからです。このような懸念への対応として、エストニアでは投票期間中には投票先を何度でも変更できるという制度が導入されています。つまりある時点で投票先を強制されても、のちほど再び投票することで自分が好む別の投票先を選ぶことができるようになっているのです。

参考文献

松林哲也「世論調査の回答率と投票率の推定誤差」『レヴァイアサン』第57号、96-117頁、2015年。

西澤由隆・栗山浩一「面接調査における Social Desirability Bias――その軽減への full-scale CASI の試み」『レヴァイアサン』第46号、51-74頁、2010年。

Selb, P. and Munzert, S., "Voter Overrepresentation, Vote Misreporting, and Turnout Bias in Postelection Surveys," *Electoral Studies*, 32, 186–196, 2013.

Baland, J. M. and Robinson, J. A., "Land and Power: Theory and Evidence from Chile," *American Economic Review*, 98, 1737–1765, 2008.

第9章

投票率が向上すると政治は変わる？

――投票参加の政策的帰結

1　ここまでのまとめ

本書の目標は有権者の投票に影響を与える要因を明らかにすることでした。特に注目してきたのが、わたしたちを取り囲む環境から派生する要因です。投票のベネフィットとコストという概念を利用して、コストよりもベネフィットが大きいという条件が満たされるとき、そしてそのような条件を満たすような環境のもとでは有権者は投票に行くようになると考えてきました。

第2章から第7章では、投票のベネフィットやコストに影響を与えそうな環境変化が投票率にどのような影響を及ぼすかをみてきました。第2章と第3章で注目したのは投票環境とコストの関係です。第2章では選挙当日の投票所数が減ると投票率が低下する、期日前投票所が増えると投票率が上がるという関係を確認しました。投票所をめぐる環境変化が投票コストの変化につながったと考えられます。第3章では選挙当日遅くに台風が来ると、多くの有権者が期日前投票をしたり選挙当日午前に投票したりするという関係があることを示しました。有権者は投票期間中のいくつかの時点での予想投票コストを比較して、コストの低いタイミングに投票に行くという選択をしていると考えられます。

第4章から第7章では投票環境とベネフィットの関係に焦点を当てました。第4章では投票啓発活動が投票率向上につながるかを分析しましたが、分析対象の投票啓発メッセージではそのような効果を確認できませんでした。有効な啓発メッセージを受け取れば投票するベネフィットを感じやすくなると想定できるので、メッセージ内容に工夫が必要なのかもしれません。第5章では都市と地方の投票格差の原因を探りました。都市と比べて地方の投票率が高いのは、地方に議席がより手厚く配分されてきたことが原因の1つであることを示しました。議員がたくさんいると政府から配分される補助金などが多くなって、投票するベネフィットが高まるからです。第6章では新党の参入によって投票率が高まるという関係を明らかにしました。既存政党に不満を感じていた有権者にとって、新党候補者は魅力的にみえるのでその候補者に投票するメリットを感じるからだと考えられます。第7章では女性議員が増えると特に女性の投票率が高まるという関係を示しました。女性議員が増えることで政治や議会のイメージが良くなり、投票に行く意味を見出しやすくなるからだと考えられます。

国内の選挙での低い投票率を改善したいという目標を達成するうえで、これらの発見は重要な示唆を与えてくれます。多くの有権者はなんとなく投票に行く・行かないと決めているのではなく、無意識に投票のベネフィットとコストを比較したうえでそのような決断を下しているのです。したがって、ベネフィットやコストに影響を及ぼしそうな環境条件を洗い出しながら、政党、政治家、そして自治体ができることを探していく必要があります。

まず、コストが低く利便性の高い投票制度の設計を進めることは現状を改善する手段の1つになります。さまざまな制約があり選挙当日の投票所数は減少傾向にありますが、それを補うために期日前投票所を増やす、特にショッピングモールや主要駅などでの開設所数や開設時間を増やすことは可能かもしれません。十分な投票期間があれば有権者は自分にとって都合のいいタイミングを選べるので、気軽に投票できるようになるでしょう。そもそも現状の投票制度では選挙当日に投票所に行って投票することが大前提となっています（つまり期日前投票は例外的取り扱いなのです）が、「選挙当日に投票所に行く」ことは投票に不可欠でしょうか。期間内であればどこでもいつでも投票できる、あるいは投票所に行かずに郵送で（あるいはインターネットを通じて）投票するといった制度も考えられるはずです。

また、住民登録をしている市区町村が実際に居住する市区町村と異なる場合（大学生はそのような状況にいる人が多いかもしれません)、投票のハードルは格段に上がります。自分の地元に戻って投票するか、不在者投票制度を使い地元から投票用紙を取り寄せてそれを居住している地域の投票所から返送するという手続きが必要になります。ここまでコストを払って投票しなくてもいいかという気になっても不思議ではありません。この場合も、住民登録と選挙人登録を分けて考えるといった制度変更が可能かもしれませんが、これはこれで問題を生じさせることも考えられます(自発的な選挙人登録が必要になったり、特定の候補者や政党への投票を目的とした選挙人登録が多発したりするかもしれません)。

いずれにせよ、どのような制度環境のもとで有権者の投票コストが低くなり、あらゆる有権者の投票機会が保障されるのかをもう一度根本から考えていく時期に来ているはずです。

また、投票のベネフィットを有権者に繰り返し伝えることも大切です。投票はみんながやっている大切な行為であるという規範意識を共有すること、そしてそれを可能にする有効な啓発メッセージを見つけ出すことが不可欠です。そのためには、啓発活動の効果検証を繰り返すことが大切になります。また、投票を通じて得られる成果を周知することも有効かもしれません。第5章で示したように、投票することで目に見える違い(例えば地域のインフラが充実するなど)を実感すれば、投票に行こうという気が起きるのではないでしょうか。

ここまでは国や自治体による工夫に注目してきましたが、政党や政治家の役割も非常に大きいです。投票に行きたくなるかどうかは、選択肢の魅力に大きく左右されます。既存政党とは異なる政策や能力を示すことができる政党候補者が現れたり、あるいは自分のことをよく理解してくれそうな候補者が現れたりすれば、これらの候補者への支持を示すために有権者は投票所に足を運ぶ可能性が高くなります。

一方で、政治家や政党が自分たちに有利になるように制度を改悪する可能性もあります。コラム⑨－1ではアメリカで起きている投票制度の改悪について説明します。有権者はなぜ、どのように投票制度が変更されるかを知っておくべきです。

低投票率の改善をめざしてどのような工夫を行うにせよ、今後も投票の条件を探っていくことは欠かせません。投票の条件に関するエビデンスを蓄積し、それを政策設計に役立てるのです。第8章で論じたように、エビデンスの蓄積には質の高いデータが欠かせません。現状では公式記録にもとづく市区町村別投票率や世論調査にもとづく投票参加の有無といったデータが用いられることが多くなっています。しかし、どのような環境変化が誰の投票参加に影響を及ぼしたのかを今まで以上に詳しく正確に理解するには、投票記録を含む選挙人名簿の活用が望ましいはずです。そのための制度を整えることも検討していく必要があります。

コラム⑨－1　政治家による投票制度の改悪

誰もが投票しやすい環境を整えることは民主主義の原則です。運営上の制約（例えば人員や予算など）や投票不正の防止も考慮しないといけないので完璧な制度を作ることは難しいですが、投票の障壁をできるだけ減らすことは政府の責任といっていいでしょう。

日本と同様にアメリカでも投票率の低さが問題となっていて、過去数十年間にさまざまな制度改正が行われてきました。期日前投票の充実や郵送投票の導入などがその例です。その一方で、全米各地で政治家による投票制度の改悪とも呼べる動きが進んでいます。投票制度を設計するのは通常は政府の役割です。アメリカでは各州政府がその役割を担っています。共和党知事や共和党が多数を占める議会では、自分たちに有利な選挙結果が生じるように特に人種的マイノリティ（黒人とラティーノ有権者）の投票機会を奪うような制度改変を次々と行っています。人種的マイノリティの多くは民主党支持者なので、彼らが投票に行かなければ共和党の得票率が相対的に増えるからです。

具体的には、有権者ID法の導入や人種的マイノリティの多い地域での投票所削減などを行っています。有権者ID法とは投票の際に本人確認を目的として写真付きIDを提示することを求める制度です。本人確認の厳格化は投票不正の防止につながるのですが、その一方で人種的マイノリティのなかには免許証やパスポートといった写真付きIDを持たない人たちが一定程度いるので、人種的マイノリティの投票機会を奪おうとしているのではないかといわれています。また第2章で示したように投票所数が減れば投票率が減るという関係があるのですが、投票所削減を主に人種的マイノリティの多い地域で進めることで同じく人種的マイノリティの投票機会を奪おうとしていると解釈できます。

このように、投票制度は党派的動機によって改悪されることもありえます。日本国内では党派的動機が公職選挙法の内容に影響を与えた事例はあまりないかもしれませんが、わたしたち有権者は現状の投票制度は誰にとっても公平なのか、そしてある制度がなぜどのように変更されるのかを常に注視する必要があります。これは自分たちを守る方法の1つでもあります。

2　投票率が低いことは問題？

本書では、「投票率が低調なのは問題なのだから、それを改善するための方法を知りたい」という目的のもとで、問題改善につながりそうな環境の役割を論じてきました。ここで立ち止まって考えたいのは、「そもそも投票率が低いことは本当に問題なのか」という疑問です。より多くの人が投票に行くことになんの意味があるのかと言い換えてもいいでしょう。この節ではこの疑問にきっちりと向き合い、これまでの研究蓄積を使いながら、投票率が上がったら政治や政策にどのような変化が生じるのか、なにか望ましいことが起きるのかを考えてみます。

低投票率を深刻な問題だとみなす理由は、その背後に有権者集団の投票格差が存在すると考えられるからです。そしてこの投票格差は政策形成に影響を及ぼす可能性があります。

ここでは、説明のための例として、経済的な豊かさの違いにもとづいて有権者のなかで集団が形成されることを想定します。各有権者は高収入グループと低収入グループのどちらかに属するとします。年間世帯収入が500万円よりも小さい有権者を低収入グループ、500万円よりも大きい有権者を高収入グループと呼びます。全有権者に占める低収入グループの有権者の割合は60%、高収入グループの割合は40%とします。低収入グループと高収入グループの構成員はそれぞれグループ内で似たような政策を好んでいて、低収入グループは収入への累進課税を強化して財源を確保したうえで福祉政策をもっと充実させることを望んでいます。一方、高収入グループは税率を変えず福祉政策も現状維持のままという状態を望んでいるとしましょう。

各グループが望むことは選挙を通じてどのように実現されるのでしょうか。はじめに有権者全員が投票したケース、つまり投票率が100％のケースを考えます。低収入グループの有権者全員と高収入グループの有権者全員が投票したことになるので、投票者に占める低収入グループと高収入グループの比率は60％と40％となり、有権者全体のなかでの比率から変化がありません。低収入グループの比率のほうが大きいので、選挙結果により強い影響力を持ちます。低収入グループは自分たちの望みを叶えてくれそうな政党に投票し、その政党が多数の議席を得ることで累進課税の強化や福祉政策の充実の実現をめざします。

次に有権者のうち半数のみが投票したケース、つまり投票率が50％のケースを考えます。もし投票の決定が純粋に偶然な要素のみで決まる（例えば各有権者が10円玉を投げて表が出れば投票に行く、裏が出れば行かないなど）のであれば、低収入グループと高収入グループともほぼ半数が投票に行きます。よって、投票者に占める低収入グループと高収入グループの比率は約60％と40％となります。

ただ、実際には投票参加の有無が偶然に決まるといったことは起きません。前章まででみてきたように、投票参加の有無を決める体系的要因がいくつもあります。本書では取り上げませんでしたが各有権者の属性、特に収入がその1つです。高収入グループと比べると、低収入グループのほうで投票率が低いことが知られています。

この違いも投票のベネフィットとコストで説明できます。低収入グループの有権者は政治や選挙への関心をあまり持っておらず、また政党や候補者についてもあまり詳しく知らないという傾向を持ちます。政党や候補者の違いをよく知らないのであれば、投票するベネフィットを見出せません。また、投票制度にもあまり詳しくないので、投票コストも高くなりがちです。つまりコストがベネフィットを上回ってしまう有権者が低収入グループのなかで多くなり、結果として投票率が低くなるのです。高収入グループの有権者は普段から政治や投票に関心を持っていて、投票率も高いです。

2つの収入グループの投票率に差があることを踏まえて、高収入グループの投票率は80％、低収入グループの投票率が30％だったとしましょう。このとき全体の投票率は50％となります。さらに投票者に占める高収入グループ有権者の割合は64％で低収入グループ有権者の割合は36％となります。今回は高収入グループのほうが比率が大きいので、こちらのグループが選挙結果により大きな影響力を持ちます。高収入グループは現状維持を望むので、それを実現してくれそうな政党を選びます。その政党が多数の議席を得ることで高収入グループの望みを実現しようとします。

投票率が100％と50％のときで政策にどのような違いが生まれるのかを比べてみましょう。投票率が100％のときには選挙結果に対して低収入グループがより大きな影響力を持ちます。その結果、低収入グループが望むことが政策として実現されやすくなります。一方、投票率が50％のときには選挙結果に対して高収入グループがより大きな影響力を持ちます。この場合には、高収入グループが望むことが政策として実現されやすくなるのです。ここで問題なのは、低収入グループの有権者は全有権者のなかでは多数派であるにもかかわらず、投票率が低いために結果として自分たちの望みを実現する機会を失っていることです。高収入グループは少数派なのですが、投票率が高いので投票者のなかでは多数派となり、結果として選挙結果や政策を左右する力を持ちます。

高収入グループの有権者は選挙以外での経路でも政策形成に影響を及ぼすことができます。社会的ネットワークを通じて政治家に直接にコンタクトをとることもできるかもしれませんし、また献金などを通じて政治家を金銭的に助けることもできます。つまり、高収入グループの有権者は社会的・金銭的資源を豊富に持つので、それらを使い自分たちの望みを叶えてくれるように政治家に依頼するのです。低投票率グループはそのような資源を持たないため、政治家の行動を左右するような力を持ちません。

低投票率が続けば高収入グループが選挙結果に大きな影響力を持つようになり、また選挙以外の場面でも政治家に影響を及ぼすことができます。政党や政治家は高収入グループの望みを叶えることを優先するようになり、高収入グループの望みに沿った政策がたくさん作られるようになります。そのような政策はもともとあった高収入グループと低収入グループの経済格差をさらに広げるような結果になることもありえます。例えば、高収入グループは高い所得税率を嫌うのでそれを低減しようとするでしょう。そうなると政府の財源も縮小するので、福祉政策や教育政策の規模が縮小されるかもしれません。これは低収入グループの有権者、特に貧しい有権者の生活に大きな影響を及ぼします。

民主社会では全有権者が平等な政治的権利を持ちます。特に重要なのが、選挙における1人1票の原則です。誰もが自由に平等に選挙に参加する権利を保障することが民主主義の大前提なのです。日本ではこの権利は保障されており、投票の権利を奪われる有権者はほとんどいません。障がいを持つ有権者の投票機会の保障といった課題もあるので、「ほとんど」という言葉を使っています。一方で、この権利を実際に行使する際には構造的な不平等が生じています。投票に行きやすい有権者（つまり高収入グループ）と投票に行きにくい有権者（つまり低収入グループ）が存在しており、後者の有権者は投票する権利は持っていてもそれを実際に行使する機会を失っているのです。

投票率が低い場合には、このような事態が起きている可能性が高いです。ここでは収入の違いによる2つの有権者集団の投票率の違いに注目してきましたが、他の社会経済的属性でも同様のことが起こりえます。第1章の図1－4（8頁）では年齢が高くなるほど投票率が高いという関係を示しましたが、若年層、中年層、高年層では求める政策が異なります。低投票率の選挙では投票者に占める高年層の比率が高くなるので、高年層の望む政策が実現されやすくなります。

まとめると、低投票率は投票という大切な政治的権利を行使する有権者の数が減っているという問題だけでなく、政治的不平等や政策形成の歪みを示唆する問題でもあるのです。低投票率下の選挙では資源を持たない有権者の政治的影響力が縮小するため、結果として持つ者と持たざる者の格差がさらに大きくなる可能性があります。

3　義務投票制とその政策的帰結

では投票率が高まれば、特により多くの有権者が投票するようになって投票率が上がれば前節で指摘したような政策の歪みという問題は生じないのでしょうか。投票率の低い有権者グループも投票するようになるので、それらの有権者が望むような政策が実現されやすくなるのでしょうか。

これらの問いに答えるためには投票率が低い選挙（例えば50％）と高い選挙（例えば90％）のあとにどのような政策が作られるかを比べる必要があります。残念ながら日本国内のデータではそのような比較をすることができません。例えば戦後すぐの国政選挙では投票率が高かったので（図1－1を参照）、例えば投票率の高い1950年代と投票率が低い2010年代における選挙結果やその後の政策形成を比較すればいいのかもしれません。ただこの2つの時代には投票率以外にも大きな違いがあるので、選挙結果や政策に違いがあっても、それが投票率によってもたらされたのか、あるいは他の政治経済状況の違いによってもたらされたのかの判断ができないのです。

そこで、国外の事例を使ってみます。前回と比べて投票率が突然高くなった（あるいは低くなった）選挙の事例があれば、前回の選挙後と今回の選挙後で選挙結果や政策に違いが生じたのかを比べることができます。直近2つの選挙を比べているので、政治経済状況にはそれほど大きな違いがないと想定してもいいでしょう。

前回と比べて投票率が突然高くなった（あるいは低くなった）事例は義務投票制の導入や廃止によってもたらされることがあります。世界には義務投票制という制度を導入している国や地域がいくつもあります。名前のとおり、これらの国では選挙での投票を義務と定めていて、2022年時点ではオーストラリアやブラジルといった国々が投票を義務化しています。ただし、各国の制度の中身には重要な違いがあります。投票は義務であることを定めているけれどもそれはあくまで象徴的な規定にとどめている国もあれば、誰が投票したかを毎回確認し投票しなかった人に罰則を与えるという規定を持つ国もあります。前者の国では投票に行くことを強制されず、そして投票に行かないことで罰則を与えられるわけでもないので投票率は大きく上がらないでしょう。一方で、後者の国では制度に強制力があり投票しないことで有権者には不利な状況が生まれるので、義務投票制の導入は投票率向上につながると考えられます。義務投票制が廃止されれば投票率は低下するはずです。

罰則規定のある義務投票制の導入や廃止に伴って選挙結果や政策にどのような変化が起きたかを調べた研究を2つみてみましょう。1つ目はスイスを対象とした研究です。スイス南西部に位置するヴォー州では1924年に国民投票での義務投票制が導入されました（そして1948年に廃止）。投票しなかった場合、少なくない額の罰金を支払う必要があり、警察がそれを徴収に来ます。スイスの他州で義務投票制がなかった選挙区と比べた場合、ヴォー州の選挙区では義務投票制の導入後に投票率が33％ポイント上昇しました。さらに、国民投票の対象となった政策案について左派的な立場への支持率（例えば高齢者や障がい者への年金支給に賛成する率）が高まりました。投票率の低い低収入グループなどは一般的に左派的政策（つまり政府による福祉政策や教育政策の拡充）を望むので、義務投票制が導入されることで投票率が上がり、それが左派的政策の実現につながったといえます。

2つ目はオーストラリアを対象とした研究です。オーストラリアの各州では1900年代前半に次々に義務投票制が導入されました。最初に導入したのがクィーンズランド州で1914年、最後に導入したのがサウスオーストラリア州で1941年です。義務投票制導入の結果、投票率が24%ポイントほど上昇しました。さらに、左派的立場を取る労働党の得票率や議席率も増えました。そして、義務投票制を導入したオーストラリアと義務投票制のない他国の政策を比較すると、オーストラリアでは義務投票制導入後に年金政策への支出が増えていることがわかりました。年金政策の拡充も左派的政策とみなせるので、義務投票制が導入されることで投票率の低い低収入グループが望む政策が実現されたということができます。

これら2つの事例は、義務投票制が導入されるとあまり投票に行かない低収入グループの有権者などが投票するようになるので投票率が上がること、その結果として低収入グループの有権者が望む左派的政策が実現されやすくなることを示唆しています。日本でも義務投票制が導入されれば同様のことが起きるかもしれません。

ただ注意も必要です。オーストリアを対象とした別の研究は義務投票制の導入によって投票率が最大10%ポイントほど上昇することを示す一方で、左派政党の得票率や福祉政策などへの政府支出が増えるというような関係はみられなかったと報告しています。義務投票制の導入は低収入グループや政治への関心度の低いグループの投票参加を増やしているようですが、これらの投票者はもともと政党などの違いをよくわかっていないために自分たちの望みに沿った投票をしなかったのではと論じています。同様にペルーを対象とした研究も、罰金額の多い義務投票制のもとでは無効票が増えることを示しています。つまり普段投票に行かない有権者が投票するようになっても、それが左派政党の得票につながらないので選挙結果にも大きな影響を及ぼさない可能性を示しているのです。これらの研究は、低投票率を改善することは大切だけれどそれだけが目標となるのではなく、意味のある投票選択を可能にする情報提供や制度設計が不可欠であることを示唆しています。

4 投票参加と日本の民主政治

筆者は大学時代のゼミでの学習から数えると、これまで20年以上にわたって投票参加の問題を研究してきました。ほぼ途切れることなくこの問題について研究をしてきたので、よっぽど関心があるのだと思います。実際、この本のために投票制度の実態を調べたりデータ分析をしたりするのはとても楽しい作業でした。

一方で、投票について興味を持ってくださっているはずのみなさんのなかには「投票や投票の条件って結局わたしたちや日本の政治にとってそんなに大切なの？」と訝しく感じておられる方がいるかもしれません。日々めまぐるしく変化する政局や国際情勢、重要な政策についての国会での審議、国内外で山積みになっている問題（国内だと貧困、少子化、感染症対策、国外だと紛争や気候変動など）と比べると、投票に関わる問題はどうしても「小さく」みえてしまいます。実際、この本を書き始める前は「自分や他の専門家以外に投票の条件について詳しく議論している本に興味を持つ人がいるのかな」という疑念を抱いていました。

ところが、この本の内容をあらためて見返してみると、選挙での投票は他の喫緊の問題と負けず劣らず重要だと改めて認識しました。誰が、どれだけ、どうやって投票するかが選挙結果や政策に影響し、それがわたしたちの生活を形作るからです。誰もが投票しやすい環境を整えること、包摂的な投票環境を整えることが国内外の問題の解決につながっていく可能性もあります。有権者が積極的に投票に行くことはもちろん大切ですが、包摂的な環境を整えるためには政府や政治家の責任は重大です。

参考文献

浅古泰史『ゲーム理論で考える政治学』有斐閣、２０１８年：第2章。
北村周平『民主主義の経済学』日経ＢＰ、２０２２年：第3～5章。

Hoffman, M., León, G. and Lombardi, M., "Compulsory Voting, Turnout, and Government Spending: Evidence from Austria," *Journal of Public Economics*, 145, 103–115, 2017.

Bechtel, M. M., Hangartner, D. and Schmid, L., "Does Compulsory Voting Increase Support for Leftist Policy?" *Amerian Journal of Political Science*, 60, 752–767, 2016.

Bertocchi, G., Dimico, A., Lancia, F. and Russo, A., "Youth Enfranchisement, Political Responsiveness, and Education Expenditure: Evidence from the US," *Amerian Economic Journal: Economic Policy*, 12, 76–106, 2020.

Fujiwara, T., "Voting Technology, Political Responsiveness, and Infant Health: Evidence From Brazil," *Econometrica*, 83, 423–464, 2015.

Rocha R. R. and Matsubayashi T., "The Politics of Race and Voter ID Laws in the States: The Return of Jim Crow?" *Political Research Quarterly*, 67 (3), 666–679, 2014.

あとがき

投票所数が減少しているという新聞記事を初めて目にして以来、投票に関わる制度や環境が変化すると日本の有権者の投票率がどれだけ変わるのかという問題に関心を持ってきました。この関心を実証分析の枠組みに落とし込み、その結果をこのような形でまとめることができたのは自分にとって大きな喜びです。

一方で、本書でやり残したこと・できなかったことはたくさんあります。有権者の投票参加を促すには投票しやすい環境を整えるだけではなく、投票に行きたくなるような環境も必要です。本書の第5章から第7章では投票に行きたくなるような環境・条件の一部について議論することができましたが、この点について日本国内ではまだまだエビデンスの蓄積が進んでいません。特に世代間の投票率には大きな差があることを踏まえると、政治との関わりにおいて世代間でどのような構造的変化が生じてきたのか、そして若い世代の有権者が政治と積極的に関わるようになるきっかけを作るためには何が必要なのかを考えるのは喫緊の課題だと思います。

本書の執筆はかなりスムーズに進みました。自分が好きな研究トピックについて思いのままにデータを集めて分析する、そしてその内容を自由にまとめるという作業は心躍るとても貴重な経験でした。このような経験が可能になったのは、自分が属する大阪大学大学院国際公共政策研究科（O

ＳＩＰＰ）の素晴らしい研究環境や同僚である教職員のみなさんの力強いサポートがあったからだと思います。刺激はありつつも心地のよい職場環境を整えてくれるＯＳＩＰＰの教員のみなさん、そしてさまざまな形で自分の研究を支えてくださる職員のみなさんに心から感謝を述べます。第２章と第３章で使用したデータの収集に際しては全国の都道府県選挙管理委員会、第４章の投票啓発フィールド実験の実施には、大阪府豊中市選挙管理委員会事務局から多大な協力をいただきました。感謝を申し上げます。また、本書の執筆機会を与えてくださった有斐閣と常にサポートを怠らない編集担当の岡山義信さんにも感謝を述べます。

本書の執筆過程では、数多くの方からサポートをいただきました。前書に続き、今回も西澤由隆先生と飯田健さんは草稿全体に丁寧に目を通してくださいました。お二人からは、（いつも通り）建設的なコメントをいくつもいただくことができ、これらのコメントのおかげでよりわかりやすく充実した内容とすることができました。さらに、大学院生の千馬あさひさん、徐展さん、久保知生さん、学部生の宅島亜美さんにはデータ整理や図表作成を、そして事務補佐員の佐門真里さんにはデータ整理や図表作成をそれぞれ手伝ってもらいました。手助けしてくださったみなさまに心からの感謝を伝えたいです。

第３章から第５章の内容はこれまでに出版した研究論文にもとづいています。第３章は“Now or Later?: The Inter-temporal Decision-Making of Electoral Participation,” *Political Behavior*, 2022、第４章は「若年層を対象としたフィールド実験による投票啓発の効果検証」『選挙研究』第39巻１号、

２０２３年（掲載予定）、第5章は「選挙制度改革と地方・都市の投票率差の縮小」『年報政治学』２０２３-I号、２０２３年の内容をまとめています。第3章の研究例は北村周平さんとの共同研究です。研究内容を使うことを許可してくださった北村さんに感謝します。本研究はＪＳＰＳ科研費23H05426、21KK0237、20H00059、20K01475、17K13671、17H00971の助成を受けた成果です。感謝を申し上げます。

２０２３年4月からは在外研究のためにカナダに滞在しています。快く送り出してくれたＯＳＩＰＰの同僚たち、そして受け入れ先で快適な研究環境を用意してくれたウェスタンオンタリオ大学のMathieu Turgeonさんと同僚たちに感謝を申し上げます。新しい職場で日々奮闘する妻志保、新しい学校で楽しそうに過ごす息子智也、そして未来の有権者であるすべての子どもたちに本書を捧げます。

２０２３年5月17日

カナダ・オンタリオ州ロンドンにて

松林　哲也

創価学会　132, 133
操作変数法　148, 152

■ た　行

中選挙区制　99
チ　リ　174
低投票率　7, 20
投票格差　96-98, 108
投票啓発　88
投票啓発活動　16, 155
　――の効果　86
投票参加の学歴バイアス　97
投票時間の延長　39
投票時間の繰り上げ・繰り下げ　24, 27
投票しないパラドックス　11, 12
投票所外での投票　46, 69
投票所数　12
投票タイミング　69
投票のコスト　10, 12, 15, 52, 117, 140, 177, 185
投票のベネフィット　10, 15, 52, 107, 118-120, 122, 140, 177, 180, 185
投票日当日投票所投票主義　23
投票不正　46, 181
投票率　3, 4, 156-158
　市区町村別――　156
　女性――　150
　選挙区別――　156
　男性――　150
　投票区別――　147, 149
　年代別――　8

■ な　行

二重投票　46, 70
日本維新の会　18, 118, 122, 123, 125, 126, 128, 129
日本新党　18, 122, 123, 131

■ は　行

1人1票の原則　187
秘密投票　70, 173-175
票の重み　98
フィールド実験　77-79
不在者投票制度　180
物質的・非物質的利益　11
ブラジル　189
平行トレンド仮定　130

■ ま　行

民主主義　76, 181, 187
民主党　123, 126
民進党　123
みんなの党　123
無作為化実験　21
無作為割り当て　78, 80

■ や　行

有権者 ID 法　182
有権者の個人属性　8
郵送投票　45, 69, 182
世論調査　156, 157, 160, 170
　――に基づく投票率　159, 163

■ ら　行

立憲民主党　118
ロジャース　86

索　引

■ アルファベット

PANIC　86, 88

■ あ　行

アメリカ　182
1 票の格差　114
移動のコスト　70
イベントスタディ　112, 129
因果推論　19, 20
インターネット投票　69, 70, 175
ウェブ世論調査　171
エストニア　69, 175
エビデンスにもとづく政策設計（Evidence-Based Policy Making：EBPM）　173
大阪維新の会　125
オーストラリア　189, 190
オンラインパネル　171

■ か　行

海外在住邦人の在外投票　69
回帰直線　111
回帰分析　38
カナダ　70
議員定数不均衡　17, 97–99, 101, 107, 112
機会コスト　30
期日前投票期間投票率　63
期日前投票所　69
期日前投票所数　26, 28, 32, 35
期日前投票制度　7, 8, 15, 16, 23, 39, 69, 182
義務投票制　189, 190
共通投票所制度　39
クオータ制　139
効果検証　92, 173, 180
公明政治連盟　132
公明党　18, 122, 123, 132

■ さ　行

差の差法　21, 125, 128
実　験　77
自民党　118, 126
社会経済的属性　160
社会的規範　97
社会的ネットワーク　97
社会的望ましさバイアス　166, 167, 171
衆議院議員選挙区画定審議会設置法　105
小選挙区比例代表並立制　99, 104
女性議員比率　141, 143–145, 147, 148, 151
新進党　123
新生党　123, 132
新党さきがけ　123, 132
新党の参入　17, 122
信頼区間　128
スイス　70, 189
政策介入　91
政治に対する信頼感　143, 147, 151
選挙制度改革　17, 98, 112
選挙当日投票所数の減少　26, 28, 32
選挙当日投票所数の削減　40
選挙当日投票所数の統廃合　30

著者紹介　　松林 哲也（まつばやし てつや）

現職：大阪大学大学院国際公共政策研究科教授

略歴：1977年生まれ。2007年，テキサスA&M大学政治学部博士課程修了，Ph. D.（政治学）

研究分野：政治行動論，政治的代表論，アメリカ政治，自殺対策

主な著作：『政治学と因果推論——比較から見える政治と社会』（岩波書店，2021年）；『政治行動論——有権者は政治を変えられるのか』（共著，有斐閣，2015年）；『自殺のない社会へ——経済学・政治学からのエビデンスに基づくアプローチ』（共著，有斐閣，2013年，日経・経済図書文化賞受賞）など。

何が投票率を高めるのか

What, If Anything, Can Be Done to Increase Voter Turnout?

2023年 8月10日 初版第1刷発行
2024年 8月30日 初版第3刷発行

著　者　松林哲也
発行者　江草貞治
発行所　株式会社有斐閣
〒101-0051 東京都千代田区神田神保町 2-17
https://www.yuhikaku.co.jp/
装　丁　堀由佳里
印　刷　株式会社精興社
製　本　牧製本印刷株式会社
装丁印刷　株式会社亨有堂印刷所

落丁・乱丁本はお取替えいたします。定価はカバーに表示してあります。

Printed in Japan. ISBN 978-4-641-14947-2